家校共育

——广州市名班主任郑晓军工作室班级主题活动案例精选

郑晓军 ■ 主编

东北师范大学出版社

长春

图书在版编目（CIP）数据

家校共育：广州市名班主任郑晓军工作室班级主题
活动案例精选 / 郑晓军主编. — 长春：东北师范大学
出版社，2020.12

ISBN 978-7-5681-7320-9

Ⅰ.①家… Ⅱ.①郑… Ⅲ.①活动课程－教案（教育
）－小学 Ⅳ.①G622.3

中国版本图书馆CIP数据核字（2020）第254130号

□责任编辑：王 蕾　　　　　　□封面设计：言之凿
□责任校对：刘彦妮 张小娅　　□责任印制：许 冰

东北师范大学出版社出版发行

长春净月经济开发区金宝街 118 号（邮政编码：130117）

电话：0431-84568115

网址：http://www.nenup.com

北京言之凿文化发展有限公司设计部制版

北京政采印刷服务有限公司印装

北京市中关村科技园区通州园金桥科技产业基地环科中路 17 号（邮编：101102）

2022年6月第1版　2022年6月第1次印刷

幅面尺寸：170mm×240mm　印张：14.75　字数：216千

定价：45.00元

编 委 会

前言

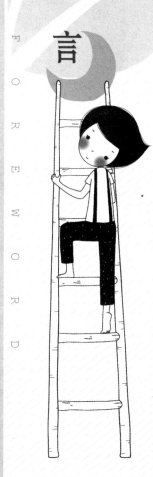

广州市名班主任郑晓军工作室成立于2015年5月27日。结合工作室所处区域——广州市天河区的区域特点，工作室确定了"以心育美、诗意前行"的发展理念。根据这个理念，工作室经过集思广益，确立了"系列心育活动"和"系列专题研讨"两个研究策略。一是通过探索"以心体验生命美、以美浸润培养心"的班会研讨，提升学生的心灵品质；二是通过构建"主持人—成员—学员—校级工作坊"四层同心圆结构的学习共同体，努力培养"四师"：温度之师、深度之师、高度之师、幸福之师，合力打造"诗意前行"的工作室品牌，带动区域班主任的发展，实现"核心引领、层级带动、辐射全面"的效果，开拓"诗意同行"的多元辐射领域。

工作室积极搭建平台，为成员提供广阔的展示与交流的舞台，以博采众长，共同进步。这些学习交流活动，使工作室成员、学员拓宽了视野，开阔了胸怀，增长了见识，提升了自我。同时，工作室开展"基于家校共育的班级主题活动"的实践研究活动，在日常工作中探索家庭与学校的合作共育方式，从基于家校共育的亲子活动、社团活动、家长讲坛等方面尝试开展多形式的班级主题活动，促使家校教育优势互补，共同营造一个良好的班级文化氛围，构建良好的育人环境，促进学生的身心健康发展，推动家庭教育的提升，创造良性发展的家校育人环境。随着研究的推进，工作室成员也逐渐形成自己的班主任工作特色。

在市、区各级领导的关怀、支持下，工作室全体人员不忘初心，脚踏实地，凝心聚力，学习着，实践着，思考着，感动着，坚持着，在教育的沃土上播撒智慧，收获快乐。我们坚信，只要我们一直在路上，在小小的班级里我们一定能让每一个生命焕发光彩，我们自己的生命也会因此更加丰盈，更加精彩！

目录

C O N T E N T S

我劳动，我快乐

——一年级自理教育班级系列主题活动案例

广州市天河区侨乐小学　班主任工作坊

【活动背景】

政策校情，学生需求。

中共中央、国务院印发的《关于深化教育教学改革全面提高义务教育质量的意见》中提出"五育"并举，将劳动教育纳入全面培养的教育体系，规定把劳动教育列入义务教育阶段必修课，强化了劳动教育的地位。同时，《培智学校义务教育劳动技能课程标准》《中小学德育工作指南》均提出要加强劳动实践，将校内校外劳动纳入学校的教育教学计划，教育引导学生参与洗衣服、倒垃圾、洗碗、拖地、整理房间等力所能及的家务劳动。

我校一年级家长群体以个体户居多，家长对孩子的劳动教育普遍不够重视。孩子们没有形成明确的劳动的概念，劳动技能参差不齐，急需提高。

"巧随童需，乐焕童彩"一直是我校遵循的办学理念，为提高学生的综合素养，培养学生的劳动技能，我们开展了以帮助学生获得积极的劳动体验，形成良好的劳动意识和劳动习惯，掌握生活必备的自理劳动技能，提高社会适应能力为目标，以实践学习为特征的"自理"主题活动。

【活动目标】

一、知识目标

通过回顾反思、对比图、情景再现等环节的学习，认识劳动的意义；通过观看《我会整理》《我会打扫》《我会清洗》等视频，掌握整理、打扫、清洗的正确、高效做法。

二、能力培养

通过"正面教育理念+小班会形式""知识抢答""情景演示"等活动，培养学生分析、探究、合作、活动的能力；从课内学习延伸到课外实践，培养学生整理、打扫、清洗的能力。

三、情感态度与价值观

通过"我会整理""我会打扫""我会清洗"等课程的学习与实践，培养学生爱整洁、爱打扫、爱清洗、会劳动的行为习惯；培养学生的自理意识，增强学生在家、在校的劳动能力，促进学生德智体美劳全面发展。

【活动主题】

我劳动，我快乐

【活动时间和地点】

2018年9月—2019年6月，广州市天河区侨乐小学、广州市天河区侨乐小区、广州市天河区陶庄党群服务中心、广州市天河公园等。

【活动对象】

广州市天河区侨乐小学一年级全体学生。

【活动形式】

小班会、劳动技能学习、技能比赛课、活动分享、亲子活动、义工活动、反思总结。

【活动课程设置】

一、课程设置原则

（一）符合儿童年龄特点

一年级孩子正处于劳动能力薄弱时期，自理能力急需培养。要让学生学会自主自立自强，首要的是培养其自理能力。

（二）地域性

对学生自理能力的培养，不仅限于学校，家庭教育也必不可少。家校联动，形成合力，有助于学生将自理劳动技能落实到位，进而拓展到社会，为社会贡献绵薄之力，增强社会责任感。

二、课程内容分配

表1　侨乐小学"自理"系列主题活动内容

活动内容	活动组长	活动小组成员	活动目标	上交材料
1.我会整理（学校篇） 2.我会整理（家庭篇）	陈春怡	钟汝莹 谭小燕 杨森丽 陈春怡	1.关注学生成长过程中时整理物品的需求，创建一个安全的环境，打开孩子的心扉。 2.提供在家和在校整理物品的方法，让学生学会有效整理物品（书桌、书包、书柜、衣柜等）的劳动技能，养成整理物品的好习惯。 3.通过案例分析，运用迁移方法，解决学生整理物品过程中的困惑。	课件、视频、教学设计和报道稿
3.我会打扫		黄雅怡 朱仪婷	1.开展小班会，让学生讨论并发现目前班级存在的卫生打扫方面的问题，引导学生思考解决问题的办法。 2.学习"我会打扫"课程，让学生学会如何正确地扫地、拖地。 3.引导学生树立主人翁意识，不仅在校内养成以爱护校园环境为己任、自觉维护校园的清洁卫生的好习惯，还能养成在家帮助父母做家务的好习惯，成为打扫小能手。	

活动内容	活动组长	活动小组成员	活动目标	上交材料
4.我会清洗	陈春怡	梁翠芬 夏天美 黄雅怡	1. 知识目标：通过观察物品清洗前后的对比图，感受清洗的重要性；通过观看《我会清洗》视频，掌握清洗的正确、高效的做法。 2. 能力培养：通过"正面教育理念+小班会形式""知识抢答""情景演示"的活动，培养学生分析、探究、合作、活动的能力；从课内学习延伸到课外实践，培养学生的清洗能力。 3. 情感态度与价值观：通过"我会清洗"课程的学习与实践，培养学生爱清洗、会清洗的行为习惯；培养学生树立自理意识，增强学生在家、在校的清洗能力。	
5.五福奉粥（"五一"实践活动）		一年级（3）班学生	1.让学生对"五一"劳动节有深刻的认识，引导学生认识周围的劳动人民，萌发热爱劳动人民的情感，懂得珍惜劳动成果。 2. 全班分成五个小队，分别采访了保安叔叔、保洁阿姨、街道的环卫工人、警察叔叔、居委会工作人员、社区家庭服务社工等，并送上亲手制作的心意卡；以"弘扬劳模精神，唱响劳动赞歌"为主题，朗诵《劳动者之歌》献给不同岗位的叔叔、阿姨；最后送上甜甜的绿豆粥，表达对劳动者的尊敬和热爱之情。 3. 通过了解劳动者平时的工作情况，感受他们在平凡的岗位上默默无闻的奉献精神；通过这些感人故事，教育学生学会尊重、关爱身边的普通劳动者，以积极的心态面对生活。	各队活动照片
6.我爱劳动（"五一"劳动特色活动）	伍秋婵	各班班主任	1. 鼓励学生利用劳动节为家人劳动、为社区服务，整理、打扫、清洗，学会自理，学会助人。 2. 巩固和提升学生的劳动自理技能，在一次又一次的劳动中，使学生的自理能力有所提高。 3. 体验劳动自理带来的快乐和成就感，增强社会责任意识。	各班活动照片

一年级

【活动过程】

表2 "我劳动，我快乐"主题活动过程

活动过程	活动内容	活动目标
准备阶段	1. 成立班主任"自理"活动研究小组。 2. 确定活动总课题："我会自理"。 3. 确定活动子课题："我会整理""我会打扫""我会清洗""五福奉粥""我爱劳动"。 4. 制订活动总计划。 5. 根据主题内容采取自由选题的方式形成工作小组。 6. 各小组制订活动计划。分阶段，有重点，统筹安排，细致分工。 7. 定期开展班主任全员教研培训。每个课程分三周进行。	1. 专职专项，保证活动的质量。 2. 做好计划，做充分的准备，以助活动的顺利开展。 3. 发挥成员的主观能动性，有利于激发活动的创新性。
实施阶段	1. 收集、阅读资料。 2. 制作教学设计、课件和视频。 3. 开展调查采访、拍摄，发现问题，解决问题，逐渐完善各种资料，设计多种多样的活动。 4. 研究小组的班主任试教，研讨改进，精益求精。 5. 每月月初上一节劳动技能学习课。各班根据研究小组提供的教学设计等资料组织班会课。课堂上，孩子们进行"头脑风暴"，找出整理的好方法，总结、学习并推广劳动自理技能。以课程带动活动，以课程促进学生劳动技能的形成。目的是教会孩子掌握必要的劳动自理技能，如快速、有效、美观地整理书桌、被子等。 6. 每月月底上一节技能比赛课。目的是检验并完善学生的劳动自理技能，激发学生更大的劳动热情。 7. 家校联动：积极争取家庭劳动的培育力量，倡导家长带动孩子一起劳动。鼓励家长在班级QQ群"晒图"，互相学习，互相促进，激励学生将自理好习惯坚持养成。 8. 开展各式各样的班级、学校、家庭和社会的劳动拓展活动，如打扫社区、街道等。家校联动，帮助学生爱上劳动，充分体验劳动带来的乐趣。	1. 课程设置贴近儿童生活，符合儿童年龄特点，具有自主能力。 2. 课程活动有利于提高学生的自理能力（整理、打扫、清洗等）。 3. 家校共育，形成合力，有效促进学生自理能力的巩固和提高。

活动过程	活动内容	活动目标
总结阶段	展示各小组情况与小结。 形成成果。 汇报与交流成果，每个课程形成一个报道稿。	在总结汇报中全面反思课程在学生自理等方面的培养情况，帮助教师正确、科学地看待活动实施效果，以便今后进一步提升。
活动评价	1. 每项目一评比，评出班内"十大劳动小能手"。 2. 目的是引起榜样效应，让学生了解持续劳动的必要性。 3. 建立学生自评、小组评、家长评、老师评、学校评、社会评等多元评价体系，激励学生将学到的劳动技能付诸行动，主动劳动，学会自理，将劳动课程落到实处。	培养学生爱整洁、爱打扫、爱清洗、会劳动的行为习惯；培养学生树立自理的意识，增强学生在家、在校的劳动能力，促进学生德智体美劳全面发展。

📖 附1：

一年级

第12周	星期一 5月6日	星期二 5月7日	星期三 5月8日	星期四 5月9日	星期五 5月10日	星期六 5月11日	星期日 5月12日
1. 整理书包	✓	✓	✓	✓	✓		✓
2. 整理书桌	✓	✓	✓	✓		✓	✓
3. 整理床铺	✓	✓	✓	✓	✓		✓
4. 整理衣柜	✓	✓		✓	✓	✓	✓
家长评分	好	较好	好	较好	较好	一般	一般 好！
家长评价	今天整理特别积极，自主完成	今天整理较积极，速度需加快	表现很好，继续努力！	你的整理能力又提高了！	完成作业较及时，书要整理好，加油！	周末了，有点懈怠，加油	新的一周，更加油！

班级 二(3)班　　姓名 卢俊达

注：
1. 家长评分可填：好/一般/需努力。
2. 每周一表，根据此表和班级比赛，月底评出班级"十大劳动小能手"，爱劳动的巧乐童，加油！

图1　2018学年第二学期侨乐小学低年级部家里劳动登记表

【活动效果】

一、学生感想

我会整理了

侨乐小学一年级（3）班　黄小晴

我们在学校里学了"我会整理"课程，我学会了让我的朋友"回家"，因为它们被我弄乱了，需要我带它们回家。它们很重要，所以我要保护好我的朋友。

放学回到家后，我的书桌、床、被子……都被我整理过了，所以我的房间很干净、整洁。我喜欢我的房间，我也喜欢收拾整理。感谢老师，让我学会了整理。

二、家长感想

一年级（3）班罗一轩的爸爸：

感谢老师在校不仅教给孩子们知识、做人的道理，还培养孩子的劳动习惯。

在这周的班会课"我会打扫"上，老师教会了孩子们整理书桌、扫地和拖地的劳动技能。周末，罗一轩比往常更懂事、孝顺了，他主动扫地、擦桌子、洗碗，主动给妈妈提菜。看到他大汗淋漓，主动做家务、孝顺的样子，我们的心里暖暖的。同时我想到以往我只关心他的学习、包办家务是错误的。大部分家长只关心孩子的学习，其实学习只是孩子生活的一部分。以后，孩子回到家后，可以让孩子做一些力所能及的事情，例如：扫地、拖地、擦桌子、择菜、洗碗等。孩子劳动的过程也是在促进孩子的观察能力和注意力的发展，这样可以让孩子慢慢成为一个"心灵手巧"的人。动手做事是孩子成长的基础，我们爱孩子，就要创造条件去满足孩子，多让孩子自己动手。不要让我们的好心帮忙剥夺了孩子劳动、成长的机会。

一年级（3）班钟铭轩的妈妈：

最近发现儿子比以前懂事多了，知道心疼人了。这几日看我上班太累，孩子吃完饭后会主动收拾桌子，打扫卫生。看着孩子做家务的样子，感觉孩子一下子长大了，这让我很感动！而且，我发现他做事情比以前认真了，孩子做家务由刚开始的不会做到慢慢做，乃至最后能独立完成，并且做得很认真。让孩子做家务劳动，我觉得既能锻炼孩子的自理能力，也能让他们明白做家务的辛苦、家长的不易。孩子还可以在劳动中学习到一些生活小窍门。希望孩子把刚刚养成的好习惯坚持下去，做到持之以恒，自觉性有所提高，以后能更自主、自觉、认真地完成。加油！

一年级（3）班冯梓浩的妈妈：

劳动是中华民族的传统美德。没有劳动就没有这个丰富多彩的世界，所以说劳动是伟大、光荣的。我认为每个人都必须学会劳动，在劳动中掌握生活技能。

作为家长的我，很赞同从小培养孩子的劳动意识。当今社会，许多家长都会为孩子包办完所有的家务，从而使孩子衣来伸手，饭来张口。这表面上来看是为孩子好，实际上是剥夺了孩子学习生活技能的机会。现在，许多孩子离不开父母，因为他们不具备生活自理能力，也使他们不懂感恩。

劳动最美！我们应当每天坚持劳动，把劳动变成习惯，做个爱劳动、会劳动的孩子。

三、教师感想

劳动、实践、成长

——参与制作侨乐小学劳动课程"我会整理"有感

天河区侨乐小学班主任　钟汝莹

当前我们学校，一些学生的劳动意识淡薄，但劳动教育是学校素质教育中必不可少的重要内容。对此，侨乐小学开设了一系列的劳动课程，旨在提高学生的劳动意识，培养学生的劳动技能。我有幸参与了侨乐小学劳动课程"我会整理（家庭篇）"的制作。

本次课程制作收集了学生在校整理时遇到的各种困难，贴近学生生活，引起学生共鸣，促使学生共同探讨整理小技巧。课程采取正面管教的方式开展，让学生有更多机会参与其中，并通过头脑风暴的方式让学生以小组形式讨论出解决方法。课后，各班还开展系红领巾、叠被子等比赛，让学生把所学技能运用到实际生活中，进一步提高学生的参与度。

本次课程突出劳动主题，培养了学生在校整理技能，提高了学生的劳动意识，以实践带动学生劳动，以劳动促进学生成长。

"我会整理（家庭篇）"劳动课程感想

——参与制作侨乐小学劳动课程"我会整理"有感

天河区侨乐小学班主任　陈春怡

在第9周，我很高兴能与杨森丽老师一起负责"我会整理（家庭篇）"劳动课程内容。首先我俩一起商量课程内容的范围，然后分工合作。森丽老师负责调查、收集学生在家整理物品遇到的困惑和示范整理物品的视频以及设计教案，我负责修改视频和教案的工作。第10周，森丽老师在五年级（1）班进行了试教并在级组进行了研讨，修改教案。第11周周一下午班主任教研时间面向全校上公开课，邀请专家点评，对课程起到极大的促进作用。

在课程进行过程中，我们发现让孩子学会在家整理具有非常重要的现实意义。家长们都大力支持，收效良好。孩子也乐于参与这种寓教于乐的班会活动，边学边做边提高，笑容常扬在孩子们的脸上。看见他们那么喜欢，还能有效提高劳动技能，我们也倍感欣慰。

但让我们深思的是，课程结束之后，如何将劳动技能有效巩固并促进学生形成终身劳动的好习惯。这是值得我们进一步探讨的问题。希望劳动课程不仅是一门课程，而且能让学生掌握受益终身的劳动技能。

【活动反思】

这次开展的"自理"主题课程，取得了良好效果。

在《中小学德育指南》刚出台时，学校已带领班主任们学习了此文件，了解到"立德树人""五育并举"的重要性，明白了德育必须全员育人、全程育人、全方位育人。结合本校的办学理念"巧随童需，乐焕童彩"和学生的实际情况，我们召集了一批"有理想信念、有道德情操、有扎实学识、有仁爱之心"的年轻班主任，开始了"自理"主题课程的探索。

我们的内容规划是以学校为出发点，逐渐延伸到家庭、社会，帮助孩子们提升综合素养，为此，开设了"我会整理""我会打扫""我会清洗""五福奉粥""我爱劳动"等课程，旨在全方面育人。

我们活动的形式，从一开始单一的以视频为主导，指导孩子规范行为，发展到今天用正面教育理念、小班会形式引领下的孩子静心反思、小组分享、互相提醒、总结提升。通过活动，孩子们自己发现问题、分析问题、总结问题，产生良好的教育效果。

让人欣慰的是，在筹备德育校报的时候，我们收到许多家长的感谢信，他们都笑赞通过"自理"主题课程，发现了一个全新的孩子，一个充满朝气的孩子！让人幸福！让人感动！

同时，我们德育团队的每一位领导令我们班主任感到幸福满满，他们总是无时无刻给予我们支持与帮助。因为大家知道，一节劳动课只是教给了学生技能，但要让学生真正做到"内化于心，外化于行"，还得靠教师日积月累持续的熏陶和培养。

以课程"我会打扫"为例，上完班会课后，我们的总务主任彭楚福老师每天早上都会准时到各班检查卫生，用手机记录下各班的情况，并将孩子的闪光点发到全校群里，不仅起到了很好的示范作用，也让各班越来越重视卫生工作。我们的辅导员伍老师，带领值日老师、队干进行每天课间卫生及各班实践基地卫生情况提醒，并在每日的"向善星"里有充分的体现。同时，我们在主题活动中设计了许多家校合作的课外实践作业。我们倡导孩子们回家后每天都要打扫卫生，请家长在班群里分享孩子的点滴进步，形成良好的互学互进的班级劳动氛围。我们倡导家委带领孩子走向社会，打扫社区的楼梯，打扫街道，甚至打扫景区卫生等，培养孩子的社会责任感。

为了孩子们，我们正在努力着！

正因为有如此多的助力，我们的主题活动才进行得越来越稳，越来越有方向感！当然，我们的活动还有许多需要改进的地方，敬请各位老师多提宝贵建议！谢谢！

"我会清洗"课程

广州市天河区侨乐小学 班主任工作坊

【学情分析】

小学生有了一定的劳动意识，但是由于年龄小，不善于劳动，而且在清洗物品方面存在不清楚清洗步骤、清洗不干净等问题。本课将通过有针对性的学习来提高学生的清洗技能。

【活动目标】

1. 知识目标

观察物品在清洗前后的对比图，认识清洗的重要性；观看《我会清洗》视频，掌握清洗的正确、高效做法。

2. 能力培养

通过开展"正面教育理念+小班会形式""知识抢答""情景演示"的活动，培养学生分析、探究、合作、活动的能力；从课内学习延伸到课外实践，培养学生的清洗能力。

3. 情感态度与价值观

培养学生形成爱清洗、会清洗的行为习惯，培养学生树立自理意识，增强学生在家、在校的清洗能力。

【活动准备】

教具：PPT课件、《我会清洗》视频。

【活动过程】

1. 开展小班会

形式：以小组交流形式开展活动，把学生分成4人一组，围成一圈，手拉手，面对面。

步骤：

第一步：PPT出示"衣物类""器皿类""瓜果类"对比图片，让学生谈谈自己的发现。共2分钟。

第二步：分享交流。每人1分钟，共5分钟。

第三步：提醒帮助。让学生分别对"衣物类""器皿类""瓜果类"的清洗步骤和方法提出自己的看法、建议，共5分钟。

第四步：回顾提升。每组派一名同学进行简要总结，共3分钟。

2. 观看《我会清洗》，掌握清洗方法

注意事项：认真学习清洗的基本步骤与方法。

学校篇：洗黑板刷、洗手。

家庭篇：衣物类、器皿类、水果类。

3. 回顾视频，知识抢答

（1）选择题（略）。

（2）判断题（略）。

（设计意图：巩固所学。在检测学生对"我会清洗"课程的掌握程度的同时，教师适时对内容进行强调与补充，以加深学生的印象）

4. 情景演示

（1）各小组选择相应的情景，进行清洗演示。如清洗手、清洗红领巾、清洗勺子等。

（2）小组情景再现，巩固正确的清洗行为。

5. 总结提升

"我会清洗"劳动课程从在学校清洗双手、黑板刷到在家的"衣物类""器皿类""水果类"的清洗，详尽地讲述了如何正确清洗，希望通过巧乐劳动课堂让学生学会正确的清洗方法，重视清洗的必要性与重要性，养成爱清洗、会清洗的行为习惯，做到讲卫生、讲清洁，从而健康快乐地成长。

6. 课外实践

鼓励学生将今天所学的清洗方法运用到学校、家庭的日常清洗工作中去。

上传学生清洗物品的照片及感受至班级QQ群，互促成长。

建议各班每周进行"清洗专家"评选。

书香嘉年华

广州市天河区侨乐小学　陈春怡

【活动背景】

为了进一步营造书香班级的氛围，推动学生悦读活动的蓬勃开展，我班开展了"悦读迎国庆，书香嘉年华"活动，通过以书换书的方式拓宽图书借阅渠道，营造良好的读书氛围，让学生在活动中爱上阅读，在阅读中开阔视野，增长见闻。

【活动主题】

书香嘉年华

【活动过程】

一、布展篇

许多家长义工积极参与到这次活动中。在活动开始之前，家长义工们早早地来到学校，在班级摊位上贴上精心准备的海报，海报上印有班级书店的店名和口号。一年级（3）班的海报还留出了点赞区，"一花一草木，一书一人生"的口号更是契合了本次活动的主题。可见，家长们在活动前期花了不少精力和心思准备，才有了一幅幅各具特色、丰富多彩的海报。家长们还用五颜六色的彩带和气球布置班级书店，并把孩子们从家里整理出来的书本整整齐齐地摆放在桌子上。在家长们的积极筹划与准备下，一个个各具特色的班级书店准备就绪，等着孩子们来寻好书。

图1 "一花一草木,一书一人生"主题活动

二、叫卖篇

为了吸引更多的同学来自己的班级书店换书,孩子们准备了丰富有趣的小活动,有换一送一、有奖问答、抽奖活动等。同学们在换书的同时还能参加各种各样的小活动,大家都玩得不亦乐乎。还有的小店员穿上小书童的衣服,举着书店宣传牌,喊着书店口号来"招揽客人",甚是可爱。

图2 穿小书童衣服的学生在招揽客人

三、淘书篇

以书换书，以书会友，孩子们在这个活动中不仅把自己的好书分享给别的同学，自己也淘到了喜欢的书籍，孩子们拿着淘到的书，脸上洋溢着欢乐的笑容。

四、悦读篇

同学们换到自己喜欢的书籍后都迫不及待地坐在一旁津津有味地看起来。同学们都非常认真地看书，仿佛沉浸在书籍的海洋中。在各个班级书店中，同学们换书、看书，分享着彼此从家里带来的好书。与此同时，学校图书馆开展了丰富多彩的活动——悦读秀场，一个个小主讲人通过"读""讲""秀""做"不同的形式分享着自己的阅读心得。

【活动反思】

换一换，换出精彩；读一读，读出未来。通过书香嘉年华活动，孩子们学会了选择书籍和处理旧书，使旧书价值最大化，实现图书共享。同时，以书会友，进一步营造书香校园的氛围，推动我班学生多读书、读好书、好读书。

认识二十四节气·春

广州市天河区泰安小学　郭丽莺

【活动背景】

二十四节气，指二十四个时节和气候，是我国古代订立的一种用来指导农事的补充历法，它是通过观察太阳周年运动而形成的时间知识体系，是我国古代劳动人民长期经验的积累和智慧的结晶。2016年11月30日，中国的"二十四节气"被正式列入联合国教科文组织人类非物质文化遗产代表作名录。

【活动目标】

1. 了解春天的气候特点、春季的节气，知道反映春天特点的古代诗歌和谚语，了解人们在春天进行的传统农事活动和民俗活动。

2. 留意春天特有的食材和食物，学习描写食物的方法，尝试记录家中烹饪的一道菜。

3. 了解各地在春季进行的室内外活动，有在春天进行探索的意愿。愿意在室内种植小植物、喂养小动物。愿意和父母到户外，进行踏青、放风筝、扫墓、玩纸飞机、转风车等活动，并愿意和同学们交流。

【活动主题】

认识"二十四节气·春"

一年级

【活动时间和地点】

2019年4月到6月，校园、家庭及广州市内公园。

【活动对象】

广州市天河区泰安小学一年（1）班全体同学。

【活动组织和分工】

一、前期工作

1. 教师购买书籍《这就是二十四节气·春》。该书图文并茂，详细介绍了春季的气候特点及中国人民利用自然从事的活动，赞美了我们民族的传统文化和劳动人民的智慧。

2. 在班级集体阅读《这就是二十四节气·春》一书。

二、活动期间工作

1. 和学生讨论并制订任务单。

2. 与学生家长沟通，并在家长的协助下完成校外实践活动。

三、后期工作

根据任务单制作成果并汇报，然后展示优秀作品，最后整理成相应资料在全班公示以供再次学习。

【活动过程】

第一阶段：发现书本里的春天

由课内阅读引向课外阅读，学生不仅可以了解春季的气候特点，更能了解勤劳的中国人民利用自然从事的活动，了解我国的传统文化和劳动人民的智慧。通过填写阅读任务单，帮助学生深入阅读、提取信息。通过读书卡，帮助学生有效积累。举办"书本中的春天"知识竞赛，让学生有阅读后分享心得的意愿。

（一）你将学到

1. 课内阅读：《春夏秋冬》《四个太阳》《动物儿歌》。

2.课外阅读书目推荐:《这就是二十四节气·春》。

（二）你将完成

1.填写《发现书本里的春天》任务单（见附1）。

2.摘抄书本中最有趣、你最喜欢的内容并做成读书卡。

3.参加班级"书本中的春天"知识竞赛。

（三）阶段性成果

读书卡、"读书小达人"评选。

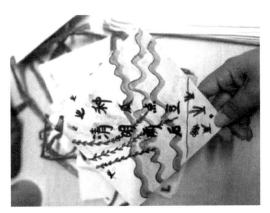

图1　学生作品——读书卡

第二阶段：描绘餐桌上的春天

活动开展时间在清明节前后。

（一）你将学到

1.阅读《这就是二十四节气·春》，了解清明的气候特点和清明节的习俗及人们的活动。

2.阅读晋文公重耳和介子推的故事，了解寒食节的来历。

3.学习课文《端午粽》第二自然段的写法，知道如何按照样子、气味、味道的顺序描写一种食物。

（二）你将完成

1.通过调查，了解春天特有的食材。制作一道冷盘，或者用春天独有的食材做一道菜。

2. 画下这道菜，并涂上颜色。

3. 仿照课文《端午粽》的顺序描写这种食物。

4. 填写《描绘餐桌上的春天》任务单（见附2），愿意和大家分享你的收获。

第三阶段：探寻生活中的春天

（一）你将学到

1. 阅读《这就是二十四节气·春》，了解各地在春季进行的户外活动。

2. 以图画配文字记录活动过程的方法，会让别人更容易明白。

（二）你将完成

1. 选择室内或户外的一项活动。

2. 填写《探寻生活中的春天》任务单（见附3）。

3. 扮演"寻春小记者"，向大家介绍这项活动是怎么进行的。

（三）阶段性成果

学生作品集《探春集》、网络成果展示。

【活动效果】

1. 通过认识春季的节气，了解农耕和气象学的相关知识，体会劳动人民的智慧，培养学生热爱自然、热爱传统文化的意识，增强民族文化自信。同时，提升学生实践探究、团队合作的能力和创造性思维，从而达到培养学生关键能力的目标。

2. 以项目驱动，环环相扣、层层递进，促使学生对阅读、探究产生浓厚的兴趣，进而进行深入阅读。以教材为依托，充分考虑学情，顺势而为。项目内容从课内延伸到课外，各主题之间有关联性。能力培养上，将课内训练点引导拓展到课外表达，有延续，有提升。

【活动反思】

1. 由课内阅读引向课外阅读，学生不仅可以了解春季的气候特点，更能了解勤劳的中国人民利用自然从事的活动，认识我国的传统文化和劳动人民的智慧。通过读书打卡环节调动学生阅读的积极性。通过填写阅读任务单，帮助学生深入阅读、提取信息。通过填写读书卡，帮助学生有效积累。通过班级"书本中的春天"知识竞赛，学生有阅读后分享心得的意愿。这次活动做到了将课内学习与课外阅读连接，将阅读与生活连接。

2. 活动开展时间在清明节前后，通过专题活动，同学们对清明节的由来、习俗有了初步印象，结合阅读对清明节有了深入了解。阅读要指向生活，我们选取了寒食节吃寒食这个项目探究点，让学生亲身体验食物的色香味，最终目标指向语文核心素养的提升。我们还设计了仿照《端午粽》的写法让学生按顺序描写自己和父母一起做的一道菜的题目。从阅读到生活，再从生活到表达，我们做到了将阅读与表达连接，实现了学生与书本、网络、生活的连接。

3. 经过前两个活动的铺垫，学生有目的地阅读和按顺序表达的能力都得到了一定程度的锻炼。最后一个活动自由度更高，综合性也更强，旨在引导学生走进自然，发现自然之美，锻炼学生有条理的思维能力和表达能力。可以说，本活动的开展达到了提升学生核心素养的目的。

任务单一：

发现书本里的春天

——读书节·读"春"

同学们，本周我们一起阅读了《春夏秋冬》《四个太阳》《动物儿歌》等课文及课外书《这就是二十四节气·春》，了解了春季的气候特点、中国人民利用自然从事的活动、我国的传统文化和劳动人民的智慧。希望同学们坚持在网络平台读书打卡。请合上书试着回答下列问题，我们将会进行班级"书本中的春天"知识竞赛，希望同学们都争当"读书小达人"，期待你们带给我们春的视野……

一、选择正确的答案

1. 春雨贵如（　　）。

A. 金　　　　　　　　B. 银　　　　　　　　C. 油

2.（　　）至，雷声起。

A.惊蛰　　　　　　　B.立春　　　　　　　C.清明

3.（　　）龙抬头。我国北方人民流行在这一天理发，叫"龙剃头"。

A.三月三　　　　　　B.二月二　　　　　　C.四月四

4.（　　）不是春天特有的食材。

A.笋　　　　　　　　B.香椿　　　　　　　C.白菜

5.下列节气排序正确的是（　　）。

A.立春、清明、雨水

B.春分、清明、谷雨

C.雨水、春分、惊蛰

二、看图猜猜猜

1.看图说名称

（　　　　）　　（　　　　）　　（　　　　）　　（　　　　）　　（　　　　）

2.看图说活动

（　　　　）　　（　　　　）　　（　　　　）　　（　　　　）　　（　　　　）

三、根据提示猜节气

1.柳树发芽　田地撒肥　杜甫的诗《春夜喜雨》　　　　　　（　　　）

2.养蚕　摘香椿　欣赏牡丹　此时的雨水有利于农作物生长　（　　　）

3.吃梨　冬眠动物全出来了　桃花开　　　　　　　　　　　（　　　）

4.放风筝　燕归来　昼夜平分　贺知章的诗《咏柳》　　　　（　　　）

5.寒食节　植树　种瓜点豆　　　　　　　　　　　　　　　（　　　）

任务单二：

描绘餐桌上的春天

——寒食节·品"春"

项目完成者：_____

同学们，今天我们一起阅读了《这就是二十四节气·春》，读了晋文公重耳和介子推的故事，了解了寒食节的来历。请同学们和爸爸妈妈一起准备一道关于春天的菜肴，可以是一道冷盘、一碟糕点、一些果品，也可以是用春天特有的食材做出的菜。用你的画笔将这道菜画下来，并仿照课文《端午粽》第二自然段的写法，记录下这道食物的样子、气味和味道。期待你带给我们春的味道……

表1 关于春天的菜肴介绍表

食物的名称、样子、气味、味道：
食物画像：

一年级

附3

任务单三：

探寻生活中的春天

——大自然·探"春"

同学们，今天我们一起阅读了《这就是二十四节气·春》，了解了祖国各地在春季进行的室内外活动。有的人在室内种植小植物，喂养蝌蚪、蚕等小动物；有的人到户外进行踏青、放风筝、扫墓、竖蛋、玩纸飞机、转风车等活动。请同学们和爸爸妈妈一起进行一项春季开展的活动，并像小记者一样为我们做个报道，用"先……然后……最后……"的方式介绍，让大家更清楚明白。期待你们带来的春的快乐。

我自信，我阳光

——二年级自信教育班级主题活动方案

广州市天河区侨乐小学　班主任工作坊

【活动背景】

自信心是一种反映个体对自己是否有能力成功地完成某项活动的信任程度的心理特性，是一种积极、有效地表达自我价值、自我尊重、自我理解的意识特征和心理状态，也称为信心。

民族自信心是指一个民族对自己自立于世界民族之林的能力及其发展前途的信心。这种信心是建立在理性认识基础上的。

民族自信心是一个民族的肯定的、积极的自我认识和自我评价。它也是一个民族由于认识到自己在世界民族之林中的平等地位，认识到自己对整个人类发展的崇高价值，因而产生的对于本民族进一步生存和发展能力以及光辉灿烂前景的确信。

习近平总书记多次在全国大会中强调民族自信。民族自信是个人自信的根基。

二年级正是学生建立自信的关键期。学生希望得到他人的赏识，但又不知从何做起；对自己的民族有朦胧的认识，但不太了解。因此，需要我们班主任从具体情景中培养孩子的个人自信、学校自信、民族自信。学校班主任坊的老师们将从着装、用语、待人接物方面引导学生做一个自信的人；通过带领幼儿园小朋友参观校园，培养学生对学校的自信；通过初步认识国旗法、国徽法、国歌法，感受中华武术，观看国庆大阅兵，"我和国旗合个影"的活动，激发学生的民族自信心，培养学生成为一个自信大方的儿童。

【活动目标】

1. 学会文明着装，仪态自然，规范敬礼问好，养成良好文明礼仪，自信阳光。

2. 明确"文明用语"在我们生活、学习和交往中的重要性；加深学生对"文明用语"的认识；正确运用文明用语，引导、教育学生做文明的学生、文明的孩子和自信的中国人。

3. 关注学生待人接物的礼仪，引导学生建立良好的人际关系，帮助学生学会在家里、在学校接待客人，养成文明待客的好习惯。

4. 帮助幼儿园小朋友们初步感受小学生的生活；培养学生侨乐小学主人翁精神，锻炼学生的语言表达能力，展现侨乐学子自信风采。

5. 初步认识国旗法、国徽法、国歌法，教育学生懂得尊重和爱护国旗、国徽、国歌，增强学生的国家安全意识，激励学生争当"国家安全小卫士"。

6. 通过体验武术运动、观看国庆阅兵仪式、"我和国旗合个影"等活动，激励学生增强自信，努力学习，提高能力，热爱祖国，增强民族自信心。

【活动主题】

我自信，我阳光

【活动时间和地点】

2018年9月—2019年10月，广州市天河区侨乐小学、二年级各个学生家里、广州市各地。

【活动对象】

广州市天河区侨乐小学二年级全体同学。

【活动形式】

主题班会、家长课程、亲子活动、实践活动、知识竞赛、反思总结。

【活动过程】

一、活动理念

1. 前四个活动由班主任工作坊的老师们以自主认领的形式进行研究，从培养学生个人自信和学校自信方面（"文明着装""文明用语""文明待客""我是侨乐'小导游'"），帮助学生成为文明、自信、大方的巧乐童。

2. 后三个活动由班主任携手家长共同开展，从激发学生民族自信心方面（"我爱国旗、国徽、国歌""中华少儿武术校园行""致敬国庆大阅兵，我和国旗合个影"），鼓励学生努力学习，掌握知识，提高能力，爱我中华。

二、活动分布表

表1　侨乐小学"自信"系列活动内容

活动内容	活动组长	活动小组成员	活动目标	上交材料
1.文明着装	陈春怡	苏可庆　黄　静	1.学会文明着装。 2.学会规范佩戴红领巾。 3.学会规范敬礼问好，养成良好文明礼仪，做到自信大方。	课件、视频、教学设计和报道稿
2.文明用语		王秋晴　夏天美	1. 明确"文明用语"在我们的生活、学习和交往中的重要性。 2. 加深学生对"文明用语"的认识，提高学生综合文明素养。 3. 正确运用文明用语，引导、教育学生做文明的学生、文明的孩子和文明的公民。	

活动内容	活动组长	活动小组成员	活动目标	上交材料
3.文明待客	陈春怡	刘智铭 何碧婷	1.引导学生思考如何文明待客。 2.知道文明待客的方法，学会在家里、在学校接待客人，养成文明待客的好习惯。 3.引导学生建立良好的人际关系，体现巧乐童的礼仪风貌。 （注：分为家庭篇和学校篇的礼仪小天使、介绍员、巧乐童）	课件、视频、教学设计和报道稿
4.我是侨乐"小导游"		谭小燕老师 蔡镓耀妈妈	1.培养学生的侨乐小学主人翁精神，锻炼学生的语言表达能力，展现侨乐学子自信风采。 2.帮助幼儿园小朋友们初步感受小学生的生活，消除陌生感，萌发成为小学生的愿望，帮助小朋友们从身心方面向小学生顺利过渡，为进入小学奠定良好的心理基础。	
5.我爱国旗、国徽、国歌		谭小燕老师 宋梓旗妈妈	1.初步了解国旗法、国徽法、国歌法，认识到国旗、国徽、国歌都是国家的象征。 2.要认识到，尊重和爱护国旗、国徽、国歌，是每一位公民的法定义务。 3.增强学生的国家安全意识，激励学生争当"国家安全小卫士"，维护国家安全，增强民族自信。	活动计划、活动照片、报道稿
6.中华少儿武术校园行		谭小燕老师 徐誉宁妈妈	1.激发学生运动的兴趣，增强身体素质，同时打开了一个通往中国传统文化的窗口，增强民族和个人自信。 2.明白作为中华民族的一员，有责任和义务弘扬和传承武术这一国粹瑰宝，强身健体，报效祖国。	

二年级

29

活动内容	活动组长	活动小组成员	活动目标	上交材料
7.致敬国庆大阅兵，我和国旗合个影	陈春怡	谭小燕老师 赵云渲妈妈	1. 通过观看国庆阅兵仪式及"我和国旗合个影"等活动，激发学生爱祖国的情感，立志报效祖国。 2. 鼓励学生做一个自信的人，努力学习，掌握知识，提高能力，立志长大后做一个对社会、对人民有用的人	活动计划、活动照片、报道稿

三、准备阶段（2018年9月）

1. 成立专门的"自信"活动研究小组。

2. 确定活动总课题："我自信，我阳光"。

3. 确定活动子课题："文明着装""文明用语""文明待客""我爱国旗、国徽、国歌""我是侨乐'小导游'""中华少儿武术校园行""致敬国庆大阅兵，我和国旗合个影"。

4. 制订活动总计划。

5. 根据主题内容采取自由选题的方式组成工作小组：

形式一：由自由组合的两名班主任组成，共分三组。

形式二：由一名班主任+一名家委会骨干组成，共分四组。

6. 各小组制订活动计划。分阶段，有重点，统筹安排，细致分工。

四、实施阶段（2018年9月—2019年10月）

各活动开展时间：

"文明着装"：2018年9日。

"文明用语"：2018年10月。

"文明待客"：2018年12月。

"我爱国旗、国徽、国歌"：2019年4月。

"我是侨乐'小导游'"：2019年5月。

"中华少儿武术校园行"：2019年6月。

"致敬国庆大阅兵，我和国旗合个影"：2019年9月30日、10月1日。

（每个课程，积极争取家庭培育力量，倡导家长带领孩子一起完成。鼓

励家长在班级QQ群内"晒图"，互相学习，互相促进，激励学生成为自信阳光的巧乐童）

五、总结阶段（2019年11月）

1. 展示各小组情况与小结。

2. 形成成果。

3. 汇报与交流成果，每个课程结束后写一篇报道稿。

六、活动评价

与学校大队部合作，建立学生自评、小组评、家长评、老师评、学校评、社会评的多元评价体系，激励学生将所学付诸行动，并从着装、用语、待客、爱国等方面入手，尽力将自信课程落到实处。

【活动效果】

一、学生感想

我们做到了文明着装

二年级（3）班　江展帆

"文明着装"礼仪课程深入人心！在我们侨乐小学校园里，总能看到一群精神抖擞的巧乐童，穿着干净、整洁的校服，上衣束进裤子，佩戴着鲜艳的红领巾，高高兴兴地走进教室。大家是多么爱学校、爱学习啊！

学习"文明着装"的感想

二年级（4）班　林子墨

"发勿乱，领巾正。衣摆束，鞋带紧。"学习了"文明着装"这节课后，现在每天早上上学前，我都会检查自己的着装是否规范，红领巾是否戴好。我还注意到，现在班上的同学在大课间都能够自主检查衣服有没有束好，而且会将取下来的红领巾整齐地叠放在课桌上。

学习"文明用语"的感想

二年级（3）班　余林炜峰

学习"文明用语"令我懂得了在同学之间，在老师之间，以及在日常生活中有礼貌、讲礼仪的重要性，我将把在这两节课程中所学的知识运用在日常生活之中，把我以前见面不爱主动打招呼、得到帮助不说谢谢等毛病加以改正，养成良好的礼仪习惯并运用在学习生活中，做一个懂礼貌的巧乐童。

二、家长感想

学习"文明用语"的感受

二年级（3）班　龚庆昊家长

"我们是至善班，我们是至善人。"孩子自从学习了"文明用语"这节课，无论在生活中还是在学习中都能正确运用礼貌用语。孩子通过这个课程懂得了"讲礼貌，讲文明"，这离不开老师全心全意、孜孜不倦的教导。希望学校能多多举办此类型的班会课，多多开展活动，促进孩子身心成长。谢谢！

三、老师感想

开设"文明用语"课程的感受

侨乐小学班主任　王秋晴

通过这次"文明用语"课程的开设，我观察到大部分孩子都能逐渐形成使用文明用语的意识。"文明用语"班会课举办之后，我们还开展了后续的"班级文明用语登记"活动，记录班上同学们说文明用语的次数。结果显示，这次班会活动确有成效！

【活动反思】

为了凝聚团队的智慧，开展好此次课程，我们设立了班主任"自信"主题活动小组。课程涉及的课件、视频和教案等资料全是老师们根据学情自主设计研制的。每个课程从设计到推广至全校，共计三周。工作量很大，可我们的班主任们从未说苦说累，大家互帮互助，共同分享。看到孩子们的进步，大家都特别有成就感，特别自豪。

"自信"主题活动最终目标指向孩子。经过一年级的"自理"主题活动，我们发现活动的后续跟进才是最需要突破的地方。检验一个活动的效果，要看我们的教育对象的进步情况。为此我们增加了许多拓展活动。如"文明着装"，我们和大队部合作，每天早上在学校大门口检查孩子们的着装情况，并及时表扬仪容仪表、礼貌问好出色的班级；在各楼层放置了一面镜子，方便孩子们整理着装。为了更有效地激励孩子们成为学校的主人，自信阳光地展示自我，每当学校有接待任务，如接待外校教师来校参观、听课或大型家校活动等，我们就会根据各班当周表现选出最棒的班级来承担接待任务，孩子们也以此为荣，以此为美。

通过活动的深入推进，我们取得了一定的成效，班级形成了"自信、阳光"的氛围。孩子们的能力提高了，内心成长了。我们设想着"自信"系列课程还可以更丰富，更全面，不仅包括个人自信、民族自信，还可以关注"班级自信""学校自信""城市自信"等，应积极地发挥孩子的主观能动性。

巧随童需，乐焕童彩。愿我们的孩子们永远自信、阳光！

 附

"文明待客"主题班会

广州市天河区侨乐小学　班主任工作坊

【学情分析】

不管是在家，还是在学校，大部分学生都能够对客人，如亲戚、父母的朋友、外校学生、老师、专家等表示热烈的欢迎，但是学生对不同对象、不同场合的待客方式的认识还比较模糊、不规范，需要这样一节课进行引导，规范学生的待客礼仪。

【活动目标】

通过小组讨论和情境表演，思考应该如何文明待客。

学生讨论交流文明待客的方法，学会在家里、在学校接待客人，养成文明待客的好习惯。

引导学生建立良好的人际关系，体现巧乐童的礼仪风貌。

（注：分为家庭篇和学校篇的礼仪小天使、介绍员、巧乐童）

【活动准备】

教具：PPT、白纸5张、油性笔多支、《文明待客》视频。

【活动过程】

一、致　谢

学生两两致谢。近期身边的同学在某件事上对你有什么帮助，或在他身上有没有值得你学习的优点？

（设计意图：致谢是正面教育班会课的惯例。学生在鼓励的氛围下注意到彼此积极的一面，能促进师生之间、同学之间的联系与合作）

二、主题引入与展开

1.聚焦照片，引发思考

讨论：在学校或者在家里，接待客人时，你有哪些烦恼？

（设计意图：使用图片引入场景，让学生回忆家里来客人时自己是怎样待客的，遇到哪些烦恼。预设回答：不知道怎么做，害怕接待客人，感到不好意思）

2.聚集问题，寻找方法

（1）学生4人一组，形成合作小组。

（2）教师提供5个常见场景（板书在5张白纸上，粘贴在黑板上）：

在家里接待亲朋好友

你作为学校礼仪小天使接待来宾

你作为学校介绍员介绍来宾

巧乐童在学校走廊偶遇来宾

外校老师来我校听课

（3）每个小组选择一个场景交流待客之道，小组成员分工合作进行情境表演。

（4）分享交流。请扮演客人的同学分享自己在被接待时的感受。

（5）请学生评一评哪个小组在文明待客上做得好。

（**设计意图**：在交流中，让学生碰撞出思维的火花，寻找文明待客的方式；在演绎中，让学生加深对文明待客的认识。扮演客人的同学分享自己在被接待时的感受，让学生了解文明待客的重要性）

三、总结活动，播放《文明待客》视频

教师总结本次班会活动情况，提供文明待客的方式。（播放视频）

（**设计意图**：学生经过头脑风暴和情景演绎，对于怎样文明待客有了自己的见解，但仍然容易忽略一些礼仪细节，特别是在学校，有多种角色、多种来宾，情况复杂，需要教师进行规范。此外，观看《文明待客》的视频能够为学生提供文明待客的参考）

四、拓展延伸，积极运用

在"书香嘉年华"活动或班级活动中对家长、外校老师等能做到文明礼貌，表扬优秀班级和学生。

鼓励学生在国庆节等节日里文明接待到家来访的客人，充分体现侨乐童热情好客、文明有礼的优秀品质。

（**设计意图**：鼓励学生用实际行动，运用文明待客的方式，做一个懂礼仪、讲礼貌的巧乐童；同时让学生意识到，文明待客体现在我们的日常生活点滴中，让我们终身受益）

二年级

一起走近"英雄"

——二年级"自信"教育班级主题活动案例

广州市天河区天府路小学　李文妤

【活动背景】

"落叶开花飞火凤，参天擎日舞丹龙。"广州人以鲜艳似火的大红花，比喻英雄奋发向上的精神，因此木棉树又被称为"英雄树"，木棉花也就成了"英雄花"，而以木棉做行道树的路段就叫"英雄路"，不少学校门前都会种植此树。木棉树高大，平时总是默默无闻地"守卫"在校园门口。我们学校的门前也有两棵高大的木棉树，不少学生上学前、放学后争着去捡刚从树上掉下来的木棉花，但是他们对木棉树的丰富用途、文化内涵知之甚少，不少淘气的孩子甚至破坏木棉树。于是，我们决定以"木棉花"为主题，邀请家长与孩子们大手拉小手，一起探访"英雄花"。在东方校区二年级（4）班张龙钧同学的妈妈的协助下，我们邀请到广州市林业和园林科学研究院的老师们走进和美天府，结合"雷锋日"及"植树节"的主题，为同学们带来了别开生面的"手拉手，探访'英雄'之旅"。

【活动目标】

1. 让学生亲自观察、体验和探索，并认识到木棉树的生长状况、木棉花的特点，了解木棉树的价值和木棉花的作用。

2. 让学生积累更多的知识，给学生带来更多的快乐。

3. 让学生更加亲近生活、走进生活，发展学生的动手能力、观察能力。

4. 让孩子们感受到家长对他们成长的重视和期待，在家长与孩子共同参与活动的过程中，融洽亲子关系，巩固家校关系。

【活动主题】

手拉手，探访"英雄"之旅

【活动时间和地点】

2018年3月15日于广州市天河区天府路小学。

【活动对象】

广州市天河区天府路小学二年级（1）班至（4）班全体同学。

【活动组织和分工】

前期工作：主讲教师设计活动流程、拟定流程和注意事项，其他家委会成员及志愿者布置会场道具、设备。主持人准备主持稿。

后期跟进：孩子们利用课余时间，和家人一起"大手拉小手"，开展实地考察，继续探访"英雄"。通过查资料、访问、调查和写观察日记等途径了解木棉树的生长状况、木棉花的特点，以及木棉树的价值和木棉花的作用。

【活动过程】

第一步：宣传组制作邀请函、优秀家长讲师证书及活动美篇报道。

第二步：活动开始。主持人：柯老师。

（一）关于"英雄花"的介绍

主持人：广州好，人道木棉雄。落叶开花飞火凤，参天擎日舞丹龙。

同学们，你们知道"英雄花"指的是什么花吗？你知道木棉树的生长特点吗？你知道木棉花有什么作用吗？

（同学分享）

主持人：今天我们特意邀请了广州市林业和园林科学研究院的老师，他们会通过互动问答、玩游戏、实物感触的方式，引导同学们认识木棉花，培养同学们在日常生活中爱护植物的意识。让我们用热烈的掌声欢迎他们的到来！

主讲人：广州市林业和园林科学研究院的老师。

协助：研究院团队的老师。

（二）听我讲英雄故事

活动伊始，园林科学研究院的林老师给孩子们讲述了一个美丽的传说。听着林老师声情并茂的讲述，孩子们时而愤愤不平，时而眼眶湿润。林老师娓娓道来，让孩子们懂得了"英雄花"名字的由来，还知道了木棉花的别名——攀枝花、红棉。

（三）一起走近英雄

林老师为孩子们介绍了"英雄花"的由来后，立刻为孩子们呈现了多幅木棉花图。孩子们通过直观的观察，知道了木棉花的形态特征、颜色。有的孩子还分享了晒干了的木棉可以煮粥或煲汤。林老师还告诉孩子们"英雄花"的全身都是宝，具有很大的药用价值。木棉花不仅给我们带来美的视觉感受，还可以清热利湿，在暑天可以用它泡茶饮用。而且木棉树的树皮和树根可以祛风除湿、活血消肿、散结止痛。孩子们在这样的课堂上收获满满，脸上洋溢着喜悦的笑容。

（四）和英雄交朋友

接着，林老师顺势引导："孩子们，浑身都是宝的'英雄'，你们想跟它们交朋友吗？"孩子们纷纷举手，表示愿意！孩子们还主动分享了保护"英雄"的方式：可以制作宣传标语，可以只捡掉落在地面上的干木棉花，可以告诉家人木棉花的药用价值……

（五）英雄送给我们的礼物

在此环节，林老师设计了互动问答、玩游戏、实物感触的教学流程，让学生轻松地学习到更多的关于"英雄"的知识。孩子们兴致勃勃地参与学习，积极举手抢答。林老师还为孩子们准备了具有纪念意义和探究意义的奖品，有的孩子拿到了木棉花籽，有的孩子拿到了干木棉花，有的孩子拿到了木棉花的贴纸，还有的孩子拿到了白花花的棉絮。礼轻情义重，拿着奖品，孩子们露出了满足的笑容！

（六）"英雄"的困扰

当孩子们还沉浸在喜悦的氛围中，一首哀伤的乐曲响起，林老师为孩子们讲述了"英雄"的困扰。原来，因为"英雄"具有药用价值，所以很多人会在木棉树开花后用力地摇晃树干，致使木棉花提前离开木棉树的怀抱。人为的伤害，致使不少木棉树伤痕累累，有的甚至被推倒！孩子们听了纷纷提出了保护"英雄"的有效措施：有的孩子建议把木棉树围栏起来，有的孩子提议在木棉树上挂上保护树木的宣传牌……

（七）"英雄"就在你我身边

为了让孩子们更好地行动起来，保护木棉树，林老师用直观的中国地图，跟孩子们分享了木棉树的产地和分布图。

（八）认识"英雄"的家人

最后，林老师还为孩子们呈现了"英雄"的家人，原来除了红艳艳的木棉花，木棉的家庭成员还有异木棉和黄花木棉。在华南师范大学的校园里就有几株美丽的异木棉。而在佛山顺德，有一棵开满金黄花朵的黄花木棉。黄花木棉并不常见，在广州、湛江等地区仅存几棵。孩子们听后，纷纷表示，一定要在周末，拉上爸爸妈妈，"大手牵小手"，一起前往华南师范大学和顺德去一睹美丽的异木棉和黄花木棉的真容。

（九）结束语

同学们全程学习热情高涨，时而专注聆听，时而积极发言，时而笑声朗朗，时而瞪大惊讶的双眼……同学们在学中玩，在玩中学，不仅通过自己的努力拿到了奖品，还学到了课本外的知识，别提有多高兴了！感谢广州市林科院的老师们，感谢张龙钧妈妈为同学们精心策划了这次植物科普知识讲座。这样的知识讲座不仅开阔了同学们的视野，更培养了同学们爱护树木的意识。在这美好的春日里，家长们可以利用闲暇时光，带着孩子，走进春天，一起去发现春天的姹紫嫣红，去开启探寻"英雄花"之旅。让我们在掌声中结束这一次的活动！

【活动效果】

一、学生感想

王奕欢：通过这节课的学习，我发现木棉是广州四季变化的标志物。它在春天里，一树橙红；在夏天里，绿叶成荫；在秋天里，枝叶萧瑟；在冬天里，秃枝寒树。四季展现不同的风情，人们无论何时都能抬头仰望这一棵棵伫立在城市之中的"士兵"！我们一定要谨记保护木棉的方法，从自己做起，从身边做起，保护木棉，保护植物！

林珅宇：这节课让我对木棉树产生了浓厚的兴趣，我通过上网搜索资料，还看到了一首《木棉花歌》，歌词中形容木棉花是"浓须大面好英雄，壮气高冠何落落"。木棉树高大挺立，不准闲杂人等乱爬，开花时没叶子，花掉光后再生叶子，真不愧是"木中豪杰"！

张曜麟：我们从战火硝烟中寻求自由和独立，风雨兼程、铁血荣光，终于建立了伟大的新中国并且不断发展得更加强大！这是无数英雄默默为祖国抛头颅、洒热血换来的！我爱这英雄之花！

张锦妍：木棉树不仅可以作为行道树、风景树，更被誉为"植物软黄金"。木棉纤维天然抗菌，不蛀不霉，可填充枕头、救生衣，用处可真大！而这一切都跟木棉的特性有关，一棵植物努力地生长，在成熟之后能有这么多的用途和价值，它不愧是"英雄"之树！我也要向它学习，长大后，多为社会做贡献！

二、家长感言

胡钰霖妈妈：十分感谢柯老师和龙钧妈妈组织了这么有意义的活动。孩子回家后跟我们分享了"英雄"——木棉树的美丽传说。我们一起在周末走进天河公园，去观赏"英雄"的容颜，并上网查阅了木棉花的药用价值。孩子学得兴致勃勃，拓展了很多课外知识！

魏旻玥妈妈：周末，我们全家一起去华南师范大学探访了"英雄"，魏旻玥在树荫下捡到了几朵红彤彤的木棉花，视为心爱的宝贝。她说要把它们带回家，仔仔细细地观察木棉花的形状，然后画一幅"英雄花"。感谢柯老师和龙钧妈妈组织了这么有意义的活动！感谢广州市林业和园林科学研究院的老师!

林辰熹爸爸： 小家伙一回到家就得意地考我："爸爸，你知道什么树被称为'英雄'？"当我还在纳闷时，他公布了答案，还跟我分享了他在活动中获得的奖品——"英雄"的种子。这样的活动特别有意义，既拉近了亲子关系，又激发了孩子学习的欲望。

【活动反思】

这次活动的开展，缘于孩子们对木棉树的喜爱之情和好奇之心。通过家长进课堂的形式，学生在互动问答、玩游戏、实物感触等环节中，走近了"英雄"，认识了"英雄"，了解了"英雄"。这次活动更激发了孩子们"小手拉上大手"的欲望，在春暖花开的季节，和爸爸妈妈一起开启探访"英雄"之旅，从而了解更多的"英雄花"与"英雄树"的知识，而活动的延续也使亲子关系更加亲密。

阅读一本好书

天河区旭景小学　陈香女

【活动背景】

"书是人类进步的阶梯。"语文课程标准也指出：培养学生广泛的阅读兴趣，扩大阅读面，增加阅读量。二年级的孩子经过一年的学习，已经认识很多字了，借助拼音，孩子们能无障碍地阅读，同时广泛的阅读可以增加孩子们的识字量。另外，为培养学生爱读书的好习惯，丰富学生的课余生活，努力营造良好的读书氛围，结合"暑假阅读一本好书"的读后感征文活动，我班开展了"阅读一本好书"主题活动。

【活动目标】

1. 激发孩子们的阅读兴趣，让孩子们爱上阅读。
2. 培养孩子们良好的阅读习惯，为精神打底，为人生奠基。

【活动主题】

阅读一本好书

【活动过程】

一、活动的前期准备

1. 做好宣传工作，利用问卷调查的形式了解学生平时的阅读方式、阅读时间和阅读习惯以及家长的参与度。

2.利用一周时间让家委购买书籍，建立个人和班级图书角。

二、活动具体实施过程

"阅读一本好书"的班级主题活动主要分为四个环节："今天，我们怎样去阅读"主题班会、"亲子共读，生生共读"家庭读书会、"你读书的样子"图片征集活动和"读书大王"成果展示。

（一）"今天，我们怎样去阅读"——阅读班会

借助"暑假阅读一本好书"的读后感征集活动，我们开展了"今天，我们怎样去阅读"主题班会活动。班会从阅读的文本的选择、阅读的方式和阅读的时长三个方面展开了讨论：

（1）你平时读了哪些书？你想向大家推荐哪本书？为什么？

从学生的生活阅读实际出发，从学生的年龄特点出发，了解学生感兴趣的书本类型，向学生推荐既符合年龄特点又让学生喜闻乐见的有益书籍。

（2）你一般都在哪里阅读？你是阅读纸质的书籍，还是通过各类有声读物APP阅读？你觉得哪种方式更好？

了解学生阅读的习惯，对于培养学生良好的阅读习惯很有必要。如今，我们不再单纯地通过书本阅读，有声阅读APP也成为低年段学生阅读的重要方式，不容我们忽视。通过讨论，孩子们可以选择更适合自己的阅读方式，这样也能提高阅读效率。

（3）你每天用多少时间去阅读？一般选择在什么时间阅读？

通过学生的发言，了解学生阅读的时长及时间分配，引导学生合理安排阅读的时间。

（二）亲子共读，生生共读——家庭读书会

学校是学生学习和阅读的主要阵地，但是家庭一样能营造出良好的阅读氛围。二年级的孩子比较爱动爱玩，不能很好地静下心来阅读，特别是在家里。为此，我在班级开展了家庭读书会的活动，由家长组织，每周选定一个合适的时间和地点召集家长们和孩子们开展亲子共读和生生共读。这次活动让孩子们爱上了阅读。

傲腾：喜欢读书会，跟同学们一起读书、讲故事特别开心。

珺璇：读书会让我学到很多课外知识，积累了许多好词佳句。读书会让我很快乐！

家长： 读书会让孩子们增长了很多课外知识。孩子们在博览群书的同时，不但可以提高阅读的兴趣和阅读理解能力，也促进了同学之间的感情交流，为孩子们的交流提供了一个很好的平台。

婧涵： 喜欢读书会，因为我可以学到更多的知识，希望读书会继续举办！

家长： 希望读书会持续举办！一是可以增加孩子的自信心，养成积极动脑的好习惯，相互影响，调动孩子们阅读的积极性；二是增加知识面，分享不同类型的书籍，让孩子们更有兴趣自发地去书中寻找自己想要知道的知识；三是增进亲子关系，让父母更加懂孩子，共同学习成长。

启博： 首先让每个小朋友朗读自己喜欢的书籍中的一篇文章。然后讲述自己印象深刻的故事、古诗或旅游胜地。还有同学详细介绍了中秋节的由来和各个地方过中秋节的风俗习惯。在朗读的过程中，小朋友们热情高涨，踊跃参与，与平时在家独自朗读截然不同，所以取得的效果也不同。我们在朗读中既学到了知识又分享了快乐。

智诚： 读书能够识字，学会处事道理。

（三）"你读书的样子"——图片征集

我们开展了"你读书的样子"图片征集活动，让家长挑选出最能展现孩子阅读风采的照片上传到班级群的相册里，以此来激励孩子们爱上阅读。

（四）"读书大王"——成果展示

为把"阅读一本好书"的主题活动开展得更扎实，我们规定每两周交一次《读书大王登记表》，鼓励孩子们把每天阅读到的好书和感受写下来，这样能使孩子们的阅读习惯得以保持。学生每交一次《读书大王登记表》就能获得2分的积分奖励，这也能让那些不太爱读书的孩子踏实地坐下来读读书。

【活动效果】

这次"阅读一本好书"班级主题活动开展得很成功。这次活动不仅限于班级内，也延伸到了课堂外，我们充分调动家长的资源，为孩子们营造了一个良好的阅读氛围；同时，家长的参与让孩子对于阅读这件事变得重视起来，孩子们也在这一系列的活动中收获了很多。

【活动反思】

  这次的班级主题活动虽然取得了很大的成功，学生也受益良多，但是家长们反馈在开展家庭读书会的时候还存在困惑，在读书氛围的营造上还有所欠缺。另外，孩子们一多就不利于维持纪律，孩子们静下心来读书的时间比较短。但是"合抱之木，生于毫末；九层之台，起于累土"，随着活动的推进，相信"阅读一本好书"活动会越办越好，让阅读为孩子们的精神打底，为他们的人生奠基。

我爱我家

广州市天河区龙口西小学　邹丹

【活动背景】

刚刚进入二年级的学生，大多并不了解父母，不清楚父母的情况，与父母缺乏了沟通，这与父母对孩子的精心呵护形成了鲜明对比。父母对孩子往往是一味地给予，而忽视了对孩子进行关爱家人的教育。

【活动目标】

1. 了解自己的家，能感受到家庭生活的幸福与欢乐，爱自己的家，体验家庭生活的欢乐。

2. 能与家长沟通，初步认识到自己是家庭中的一员，要爱亲敬长，用自己的方式表达对父母、长辈的爱。

3. 感受班集体大家庭的温暖，明白在我们的大家庭中生活、学习应该互相关爱，最后升华为热爱祖国大家庭。

4. 发展观察、调查以及沟通、表达、思考等能力。

【活动主题】

我爱我家

【活动对象】

小学二年级学生。

【活动过程】

表1 "我爱我家"班级主题活动

活动环节	教师活动预设	学生活动预设	设计意图
一、走进幸福的家，回忆家人对我的爱	（一）明白"家"是什么		此环节旨在让学生明确家的概念，回忆家中幸福的画面，并与大家分享，引导学生尽快进入课堂学习
	1.介绍家的概念：观看视频《爱在四季》（板书：家）	看视频	
	2.老师介绍自己的家，为学生做范例（板书：我的家）		
	3.指导学生介绍自己的家，说说照片中与家人的开心事	学生介绍自己的家	
	（二）感受家人对我们的付出		初步体会家庭的温馨，进一步感受幸福之家的建立源于父母无私的付出与关爱
	1. 学生各抒己见，说说家里人为我们做的事情；老师根据学生的回答，引导学生感受每一件事情背后蕴藏着家人对自己的爱	同桌讨论	
	2. 组织学生观看视频《爸爸妈妈谢谢您》，进一步感受家人对自己的爱		
	3. 原来家人为我们做了这么多事，他们对我们实在太好了！孩子们，现在你有什么想说的吗	学生介绍自己的家	
	（三）填写"小房子"，引起情感冲突		
	1. 以学生的生日会照片过渡：是否知道父母的生肖、生日和爱吃的水果	学生各抒己见	
	2.教师示范填写父母《资料小房子》		
	3.学生填写《小房子卡》		
	4. 读课前家长写给学生的信，让学生对照自己填写的资料		

二年级

活动环节	教师活动预设	学生活动预设	设计意图
一、走进幸福的家，回忆家人对我的爱	5. 填写结果统计，引发学生的内疚感，并从填正确的孩子那里获得信息：与家人多聊聊，增进了解		
	6. 总结：是呀，家人那么爱我们，我们也应该以实际行动回报他们对我们的爱	填写卡片阅读信片配合统计	
	7. 明理：听家长的心声，读绘本故事		
二、幸福碰撞，学会表达我对家人的爱	过渡：首先让我们从经常和家人聊天开始吧	列出话题	此环节旨在让学生明白父母一直在为自己付出，把自己的一切都记得清清楚楚，而自己对父母的很多事情都不知道，从而引导学生感受父母对子女无私与伟大的爱
	1. 常聊聊——列举你想聊和你想知道的两方面		
	2. 我们还可以做些什么来回报他们对我们的爱 小组讨论：请同学们打开课本，看看书上的小朋友们是怎么做的。然后，请在小组内讨论：我们还可以为家人做些什么事情呢	小组讨论	
	3. 学生汇报，教师根据学生的汇报归纳并板书，并补充体验活动	学生汇报	
	（1）做家务——列举出家人做的家务活	列举家务	
	（2）会问好——创设情境，现场演绎。妈妈下班回家，你可以怎么做	情境表演	
	（3）学照料——创设情境，对比家人的做法，谈一谈我们可以怎么照料（关心照顾）家人—— A. 天冷时　B. 天热时　C. 生病时	分三个维度回答问题	
	（4）听教导 方式：辨析明理导行	辨别正误	
	4.（指板书）拍手齐读《幸福三字歌》	齐读《幸福三字歌》	
	5. 小结		

活动环节	教师活动预设	学生活动预设	设计意图
三、情感升华，从爱小家到爱大家	1.激发情感，上升到爱班集体、爱学校 2.总结：学会付出，创建团结友爱班集体		由爱小家上升为爱大家，认识到班级也是一个大家庭，我们是这个家庭中的成员，明白要像爱自己的家一样爱班集体。只有人人都付出，才能增强幸福感
四、以行动把幸福带回家	鼓励学生用实际行动表达对家人的爱：你打算今天回家后为家人做什么事呢	学生谈做法	

49

垃圾分类快乐行

——三年级自律教育班级主题活动案例

广州市天河区员村小学　郑晓军

【活动背景】

随着经济社会发展和物质消费水平大幅提高，生活垃圾产生量迅速增长，然而一些垃圾没能得到妥善处理，污染了水源、土壤、空气等，进而直接或间接危害到人们的健康，影响人们的正常生活。但同时，有些垃圾是可循环利用的资源。因此，不论是从清除环境污染的角度，还是从资源回收再利用的角度，对垃圾进行分类处理是一件非常有意义的事情。

我们希望通过这次学习活动，让学生了解到更多的垃圾分类的知识，提高学生的环保意识，并以此为契机在一定范围内产生影响，进行广泛的宣传，希望同学们能够从身边小事做起，从生活垃圾的分类做起，共同关注垃圾资源的回收问题，变害为利，从而筑成一道环境保护的"绿色长城"。

【活动目标】

1. 认识到垃圾分类处理的方法及重要性，并学会在日常生活中将生活垃圾进行分类，提高环保意识。

2. 培养学生的综合分析能力、解决问题能力及语言表达能力等。

3. 培养学生的创新能力和想象能力。

4. 学会互相协助、互相交流、团结协作。

5. 增强学生动手实践能力和参与社会生活的意识。

【活动主题】

垃圾分类快乐行

【活动过程】

表1 "垃圾分类快乐行"活动过程

活动过程	活动时间	活动内容	活动目标
一、准备阶段		1. 确定活动课题 （1）确定活动主课题 （2）确定活动子课题 2. 制订活动计划 （1）根据主题内容采取自由选题的方式形成小组 （2）各小组制订活动计划	
二、实施阶段		1. 收集、阅读资料 2. 制作文件夹、调查表、调查问卷 3. 开展调查采访和多种多样的活动 4. 写活动日记 5. 开展个人与个人、小组与小组之间的交流活动	
三、总结阶段		1. 展示各小组情况及小结 2. 形成成果 3. 汇报与交流成果	
四、活动评价		1. 制作评价表 2. 开展自评、小组评、家长评、老师评的活动	

三年级

附1

表2 小组活动计划表

小组名					
研究主题					
研究时间					
组长					
组员					
人员分工	组长		记录员		联络员	
	摄像员		整理员		其他成员	
智囊团					
活动形式	参考：①采访；②实地考察；③拍摄记录；④查找资料；⑤参观；⑥测试；⑦文字创作（调查报告、手抄报、建议书等）；⑧手工制作（地图、模型等）				
准备工具					
具体安排	活动内容				
	活动时间				
	活动地点				
	负责人员				
汇报方式	参考：①录像及笔记；②调查统计表或调查报告；③建议书；④宣传手抄报；⑤图画；⑥测试结果；⑦创作文章；⑧制作模型；⑨照片；⑩幻灯片				

【活动效果】

一、快乐探索小组

1. 小组成员由学生自由组合。

2. 搜集整理生活垃圾的危害的资料（见资料袋）。

3. 开展生活垃圾调查。

4. 制作《我家一周内产生的垃圾统计表》。

二、星星之火小组

1. 小组成员由学生自由组合。

2. 搜集整理有关生活垃圾分类与利用的资料。

3. 参观附近环卫站，了解生活垃圾是如何处理的。

三、创意无限小组

1. 小组成员由学生自由组合。

2. 开展"变废为宝"手工制作比赛。

3. 发放环保倡议书。

【活动反思】

"生活垃圾处理快乐行"班级主题系列活动源自我们的兴趣和责任感，在活动过程中，学生学到了很多知识，体验到什么是研究性学习，对独立制订研究方案，对编制和发放调查问卷的过程有所了解，对资料进行分析处理的能力和撰写论文的能力得到锻炼和提高。在研究过程中，小组成员之间协调合作，取长补短。为了完成这次研究任务，学生靠自己的努力了解了生活垃圾处理的现状，并形成解决方案，获得研究体验，这是最真实最重要的经历。在研究过程中，我们还获得社区居民热情的支持和帮助，并懂得分享、尊重和合作是做研究的重要条件。

学生的研究还在继续，他们有的在设计新的环保宣传口号，有的在用废弃物做雕塑，有的想替市长写"致市民的一封公开信"，有的在制订《生活垃圾分类法》……

我们的思考不在于学生的"作品""成果"的质量的高低，而是注重

三年级

过程，注重学生在过程中发现了什么问题，他又是如何想方设法地解决问题的；注重学生在实践中获得的各种体验，以及他们对大自然、对社会、对人类自身的一种关注；注重学生在实践中与他人的交往与合作。有了开展这次主题活动的经验，我们相信，下一次的主题活动一定会让学生取得更多的收获！

 附2

"生活垃圾的处理"主题班会活动

【活动目标】

1. 通过对生活垃圾现象的分析、研究、发现，体验到信息分享及成功的快乐。

2. 关注身边事，关心生活垃圾的产生，树立保护环境、节约资源的意识，养成良好的生活习惯。

【活动准备】

课前学生调查统计自己家中每天产生垃圾的种类及数量，了解有关生活垃圾的知识。

【活动过程】

一、汇总课前收集的资料

1. 课前老师请同学们去调查了自己家中垃圾产生情况。谁愿意向大家说说自己的调查结果？（指名一生说）

2. 既然大家都想说，先请每个同学有序地在小组内说一说，看看每家产生的垃圾的种类主要有哪些，平均每天产生多少垃圾。（出示表格）请组长做好统计。（小组活动，教师巡视）

3. 教师选取统计较快的两组进行实物投影。

出示种类表：这是我随机抽取的两组调查结果，你们的统计和他们差不多吗？从这张表中，你可以得到什么信息？（人们在生活中主要产生哪几类垃圾）

出示数量表：从这张表中，你又可以获得什么信息？（每家平均每天产

生多少垃圾）

4. 根据统计结果来看，垃圾数量并不多，你认为呢？那就算一算：一个月、一年，会产生多少垃圾；全班同学的家庭在一年里产生多少垃圾；1万多户家庭在一年里又会产生多少垃圾。（学生估算）

5. 如果这些垃圾不及时处理，我们的家、校园、住宅小区会变成什么样？每天老师都看到学校里非常整洁、干净，那么是谁在收集、处理这些垃圾呢？

二、目前垃圾的处理方法

对，这得归功于我们的城市美容师——环卫工人，正是有了他们的辛勤劳动，才使我们有了舒适的生活环境，让我们把掌声送给这些"马路天使"吧！

1. 假如由你来收集这些剩菜剩饭、废纸、果皮，你会怎样处理？（小组讨论、交流）

2. 我们看看这些垃圾的处理是不是跟同学们所说的一样。（观看星星之火小组参观环卫站的照片）

3. 交流观后感受。

三、设计研究方案

1. 据有关资料统计，全球每年产生垃圾达100亿吨，对于生活垃圾，你还有什么问题？（教师有选择性地板书：种类、危害、处理方法、回收利用）

2. 这几个问题中，你对哪个问题最感兴趣？

3. 根据兴趣重新组合小组，确定研究课题，制订活动方案。

四、活动小结

略。

"垃圾分类的重要性"主题班会活动

【活动目标】

1. 增强学生的环保意识和社会责任感，培养学生的节约意识；认识到进行垃圾分类及正确处理生活垃圾，生活垃圾也可以变废为宝。

2. 培养学生分析问题能力、处理问题能力、分类的能力，以及初步的调查记录能力和动手制作能力。

3. 获取一些垃圾分类、回收和处理的直接经验。

【活动准备】

1. 课前安排学生在家长的帮助下统计家中一周内产生多少垃圾。

2. 学生准备剪刀、空饮料瓶、刻刀等制作工具和材料。

3. 教师课前了解垃圾的分类处理和再加工、再利用情况。

4. 教师准备与垃圾的产生、垃圾的处理相关的挂图、录像资料。

【活动过程】

一、了解垃圾的产生及危害

1. 观看录像，说说你看到了什么。

2. 想一想，我们的生活中会产生哪些垃圾？垃圾有哪些危害？

3. 说说自己家里一周内大约产生多少垃圾。

汇报调查结果，感受生活垃圾数量的巨大。

4. 出示一组数据：

▲每人每天丢掉的垃圾重量超过人体平均重量的五六倍。

▲我国目前垃圾的产生量是1989年的4倍，其中很大一部分是过度包装造成的。不少商品特别是化妆品、保健品的包装费用已占到成本的30%—50%。过度包装不仅造成了巨大的浪费，也加重了消费者的经济负担，同时增加了垃圾量，污染了环境。

▲全球每年产生450亿吨垃圾。

▲那些"用了就扔"的塑料袋不仅造成了资源的巨大浪费，而且使垃圾量剧增。我国每年塑料废弃量为100多万吨。

▲一次性筷子是日本人发明的，日本的森林覆盖率高达65%，但他们不砍伐自己国土上的树木来做一次性筷子，全靠进口。我国的森林覆盖率不到14%，却是出口一次性筷子的大国。我国北方的一次性筷子产业每年要向日本和韩国出口150万立方米，减少森林蓄积200万立方米。

5. 说说看了这些数据你有什么想法。

二、讨论怎样减少垃圾的产生

小组讨论：怎样减少垃圾的产生呢？

（节约使用生活用品，可再用的生活物品不要轻易扔掉）

韩国从1996年1月开始实施一种制度，受到社会各界欢迎。其做法是由环保部门提供各种不同容量和规格标准的垃圾袋，每个垃圾袋按不同的规格收取不同的垃圾处理费。这样用户在购买或使用垃圾袋的时候就会考虑所带来的垃圾及其造成的环境污染，从而尽量减少产生垃圾。

三、研究垃圾的处理办法

1. 提问：如何处理这些垃圾呢？

2. 分组讨论并设计处理垃圾的方案，由组长负责记录。

3. 全班交流：比一比，哪组的方案最科学合理。

4. 除了书上看到的处理垃圾的方法外，你还知道哪些处理方法？

5. 上网了解世界各国处理垃圾的好办法。

▲垃圾分类。垃圾混装是把垃圾当成废物，而垃圾分装是把垃圾当成资源；混装的垃圾被送到填埋场，侵占了大量的土地，分装的垃圾被分送到各个回收再造部门，不占用土地；混装垃圾无论是填埋还是焚烧都会污染土地和大气，而分装垃圾则会促进无害化处理；混装垃圾增加了环卫和环保部门的劳动量，而分装垃圾只需我们的举手之劳。

▲垃圾回收。生活垃圾中，铝制易拉罐再制铝，比用铝土提取铝少消耗71%的能量，减少95%的空气污染；废玻璃再造玻璃，不仅可节约石英砂、纯碱、长石粉、煤炭，还可节电，减少大约32%的能量消耗，减少20%的空气污染和50%的水污染。回收一个玻璃瓶节省的能量，可使灯泡发亮4小时。回收1吨废纸能生产好纸800千克，可以少砍17棵大树，节省3立方米的垃圾填埋场空间，还可以节约一半以上的造纸能源，减少35%的水污染，每张纸至少可以回收两次。办公用纸、旧信封信纸、笔记本、书籍、报纸、广告宣传纸、货物包装纸、纸箱纸盒、纸餐具等在第一次回收后，可再造纸并印制成书籍、稿纸、名片、便条纸等，第二次回收后，还可制成卫生纸。

▲垃圾变宝（堆肥、发电等）。中国国家环境保护总局向社会公布了处理城市垃圾的行动方案。这个方案规定，今后中国的城市垃圾将进行填埋处理，并把垃圾填埋产生的气体收集起来发电。

▲垃圾填埋。

三年级

▲垃圾焚烧。

四、做一做

用废旧材料制作一件有用的东西。

（用准备的材料做漂亮的烟灰盒、笔筒）

五、说一说

你居住的小区是否有乱丢垃圾的现象？怎样改变这种状况？

六、活动延伸

1. 说说通过本次活动，你有哪些收获。

2. 为了让更多的人意识到垃圾的危害，你准备做哪些宣传工作？

七、家长感言

陈泳帆妈妈：垃圾分类是新时尚，通过这次主题活动，孩子懂得垃圾分类的意义，增强了环保意识。希望今后孩子能用自身实际行动带动影响周围更多的人一起参与到垃圾分类的队伍中来，共同为建设美丽文明的城市而努力。

张成诚爸爸：我们全家在儿子的指导下每天认真进行垃圾分类。家里的垃圾成了我们的"宝贝"。但愿有更多的家庭加入垃圾分类的行列，为保护环境尽一份力。

李萌萌妈妈：开展这次垃圾分类主题活动以来，孩子的环保意识增强，不再随手把垃圾丢进垃圾桶，而是在扔垃圾之前想一下垃圾的类型，该扔进什么颜色的垃圾桶内。这样的活动太有意义了！

叶芷琪妈妈：垃圾分类，举手之劳，功在当代，利在千秋。垃圾分类可以大幅度地减少垃圾增加带来的污染，节约垃圾无害化处理费用，有利于进行资源再利用，还可以培养大家环境保护的意识。为本次的主题活动点赞！

鲁班遇见巴菲特

——三年级亲子理财体验活动方案

广州市天河区协和小学　陈艳

【活动背景】

伴随着社会经济的发展，财经素养现在已经被认为是21世纪每个人必备的核心素养和生存发展技能，被全球公认是一项重要的生活技能。财经素养教育是青少年素质教育的重要环节和内容，也是德育教育的重要内容。

【活动目标】

雏鹰悦读班的师生和家长拟携手广州市商贸职业学校诚道会计人才孵化基地的师生，于广州市商贸职业学校开展第十二届技能节的同时，共同开展"鲁班遇见巴菲特"亲子体验活动。本活动旨在引导学生通过创建模拟公司，进行工程规划设计、搭建工程并开展理财活动，在家长及会计专业学生的引导下，感悟财富的源泉来自劳动，学会团队合作，运用所学知识解决问题，形成高品质财经素养。同时，通过亲子互动，增进父母与孩子之间的了解。

【活动主题】

"鲁班遇见巴菲特"亲子理财体验活动

【活动时间及地点】

时间：2019年5月18日下午2：30。

地点：广州市商贸职业学校北校区。

【活动对象】

广州市协和小学三年级（5）班部分师生及家长。

【活动过程】

一、签　到

对参与活动的家长及学生进行分组。

二、介绍活动规则

活动主持人介绍活动规则。

三、分组成立模拟公司

学生在会计专业导师的指导下，在家长的引导下，分组成立模拟公司（工程建筑类企业）。

1. 模拟公司成员结构：

总经理、副总经理——小学生担任。

总经理助理（营销、采购、参与设计）——两位家长。

财务——诚道会计工作室学徒一名。

2. 注册公司（给公司取名）：

名字符合工商注册的要求。

3. 总经理简单介绍公司情况；虚拟的工商行政管理部门核实后，颁发营业执照。

4. 由活动方发放启动资金：

虚拟货币10000元、白色基础模块300个、地基一个（搭建工程用）。

四、工程设计

总经理助理参与设计，给总经理提供意见和建议。各公司除了用现有的白色基础模块外，在搭建中还必须用红色模块做窗户，用蓝色模块做游泳池，用黄色模块做屋顶。

五、资金使用（财务人员协助总经理）

1. 各公司可以用手中的资金购买物料（红色10个一组，300元/组；蓝色

10个一组，200元/组；黄色10个一组，50元/组）。

2.知识抢答环节可以获得彩色模块（五套题目，每个组合由红、黄、蓝各三个构成），计算正确可以获得该组模块。

3.可将闲置的资金储存起来，获得利息收入（每半个小时可以结算利息）。

4.资金不足可以贷款，工程完工交付后，归还贷款并支付利息。

5.资金可以用于股票投资（每半个小时发布市场行情，注意收益与风险的权衡）。

六、工程建造

1.团队合作进行搭建，建议边搭建边盘活资金，合理支配资金使财富最大化。

2.知识抢答环节，总经理及副总理积极参与可以获得更多的彩色模块。

3.对于建造中缺乏的材料，各公司可以互相交换（自行计算交换价格）。

七、工程验收

专家组根据对各公司的工程的验收情况，白色基础模块不计算在内，按使用的彩色模块数量计算工程最后的价值（一个红色模块50元、一个蓝色模块30元、一个黄色模块20元），将工程款付给各公司。

八、汇报工作

每个团队的财务人员做好收支明细表并报告利润。

九、评选"鲁班"奖

根据工程价值评选"鲁班"奖（一等奖2名、二等奖3名、三等奖5名）。

评委计分过程中，若有学生进行才艺展示，可在报名时备注（可以获得纪念品）。

在活动中获得的虚拟货币可以兑换成实物。

【活动反思】

本次亲子理财体验活动，家长和孩子都有所收获，亲子之间增进了解，协力创造，孩子从活动中感悟到劳动与财富、知识与财富的关系。我们将与职业学校进一步携手合作，开展系列活动，帮助孩子们树立正确的人生观、价值观、财富观，从小学好文化知识，为将来规划人生奠定基础。

我是"气质小厨师"

广州市天河区五一小学　古梦仪

【活动背景】

广州市教育局出台的劳动教育新规中，对不同年龄段的学生提出了不同的劳动要求，比如：小学生要学洗衣服、做简单的一日三餐等力所能及的家务劳动。本班大多数学生在家里都不需要做家务，虽然现在二胎家庭逐渐增多，但在家里，孩子都是被捧在手心上的，甚至认为家务应该全部由家长完成。在班级建立之初，我了解到这些情况后，给班级取名为"气质三班"，努力将学生培养成有气质的阳光男生、明媚女生，并将班级的发展目标设定为"阳光、诚信、感恩、奋进"。我校历来重视劳动教育，借助学校平台，我们将培养学生自觉劳动、勇于创造的情怀渗透在学生的日常教育中。

结合班级实际情况，从一年级开始，我就以"家有能手，班有干将"为理念，重视将学生培养成勤于劳动、善于劳动、热爱劳动的人，并利用每年寒暑假，举办"气质小厨师"评选活动，让学生感受和体验父母做家务的辛劳，能主动、积极地为家人服务，逐渐树立担负责任的家庭观念。同时，通过活动培养学生对家人、家庭的热爱与责任感，唤起学生对生活的热爱之情，调动学生的积极性，促进学生的全面发展，实现全面育人的理念，让"气质学子"都拥有幸福生活的能力，为学生的终身发展奠定坚实基础！

【活动目标】

1. 学会正确使用电饭锅、高压锅、微波炉等厨房用具，通过实际操作，积累一些生活经验，提高自理能力和劳动能力。

2. 经历从买菜、洗菜到下厨这一系列活动的全过程，亲身感受劳动的辛苦，体会家长做家务的辛劳，同时增强节约意识、理财意识。

3. 了解家人喜爱的菜肴，并在准备过程中，主动积极地为家人提供力所能及的服务；懂得换位思考，学会尊重他人、珍惜他人的劳动成果，从而更加理解、体谅家长。

4. 通过活动体会"幸福生活，劳动创造"，在劳动中提高生活技能，养成爱劳动的习惯。

【活动主题】

我是"气质小厨师"

【活动时间和地点】

2019年7月—2019年8月。

【活动对象】

广州市天河区五一小学三年级（3）班，"气质三班"全体同学。

【活动过程】

第一阶段：跃跃欲试

1.介绍"气质小厨师"活动的内容和要求。

向学生及家长介绍本次活动的意义和活动的内容。

2.组织学生讨论分享前几次参与"气质小厨师"活动的体会。

3.介绍做饭煮菜的厨房用具以及使用方法。

设计意图：鉴于前两年开展"气质小厨师"活动的经验，学生已经初步具备了完成一道简单的菜的能力，但有些学生害怕油锅，仍然不敢尝试新的菜式。通过同伴的分享，减少自己的焦虑，对新菜式有尝试的欲望。

第二阶段：小试牛刀

在家长的指导下烹饪稍复杂的菜。

在以前的活动中，学生有了烹饪简单的菜的经验，在此基础上，根据父母给出的品尝评价和建议学习烹饪稍复杂的菜。

让父母品尝自己的劳动成果并给出评价。

设计意图： 家长的指导，不仅让孩子调整自己的烹饪手法，更让孩子在活动中懂得与他人沟通，学会倾听他人的建议，懂得尊重他人的劳动成果。

第三阶段：大展身手

经过前期的尝试，家长由全程陪同跟进到放手让孩子独立完成，并将整个过程记录下来，作为孩子成长路上的回忆。孩子经历了去市场买菜、选菜、下厨的全过程，大展厨艺，收获喜悦！以下节选部分学生活动的全过程。

表1 上汤苋菜

菜名	上汤苋菜
小厨师	唐溢蔓
材料	苋菜、菜籽油、蒜头、姜、盐等
步骤	1. 将苋菜洗干净 2. 将水倒入锅里，再放入油、姜、蒜 3. 水烧开后，将苋菜放入锅中 4. 继续煮开，放入适量的盐 5. 将菜和汤盛出，完成
品尝评价	火候掌握得刚刚好，苋菜不会太硬，也不会太软，妹妹也来抢着吃，非常开心

表2 番茄炒鸡蛋

菜名	番茄炒鸡蛋
小厨师	邓森鑫
材料	食用油、适量食盐、番茄两个、鸡蛋三枚、大蒜瓣若干

步骤	1. 将锅加热，倒入适量食油 2. 将洗净的番茄切块待用 3. 将蒜瓣切碎 4. 将鸡蛋打散倒入锅内翻炒成块，倒出装盘待用 5. 再次倒入适量食油加热翻炒番茄 6. 将炒好的鸡蛋、蒜末和番茄一起翻炒，加适量食盐，盛出装盘即可
品尝评价	很好吃！色香味俱全

表3 土茯苓骨头汤

菜名	土茯苓骨头汤
小厨师	曾维
材料	土茯苓60克、猪骨头500克、适量盐
步骤	1. 将土茯苓洗净切片，放入锅中 2. 将猪骨头洗净放入锅中 3. 加入适量水 4. 开火煲汤。汤煲开后，大火煲10分钟，小火煲30分钟 5. 我的土茯苓骨头汤煲好了
品尝评价	清甜

表4 可乐鸡翅

菜名	可乐鸡翅
小厨师	刘中扬
材料	鸡翅中4个，酱油、盐、五香粉少许，可乐200mL
步骤	1. 将鸡翅洗净，加上一点盐、五香粉、酱油，拌匀，放置半小时 2. 在锅里面倒入可乐，加热烧开 3. 放入腌好的鸡翅，时时翻面，至鸡翅变黄、可乐收干 4. 香喷喷的可乐鸡翅出锅了
品尝评价	肉嫩味美

表5　鸡米花

菜名	鸡米花
小厨师	杨靖涵
材料	鸡胸肉、料酒、五香粉、油、炸肉粉
步骤	1. 把鸡胸肉切成小块，然后洗干净 2. 把鸡胸肉放到碗里，再放入五香粉和料酒，还要加一点油，腌制1个小时 3. 把炸肉粉倒入一个碗里，锅里倒上油 4. 把鸡胸肉蘸上炸肉粉（注意要一块一块地蘸炸肉粉），放到锅里 5. 等到鸡胸肉的颜色变红了一点，再用锅铲上下翻动 6. 大约炸20分钟，香喷喷的鸡米花就出炉了
品尝评价	香喷喷，好吃看得见，色香味俱全，咬上一口，香脆可口，美味多汁

表6　土豆炒牛肉

菜名	土豆炒牛肉
小厨师	李宇轩
材料	主要食材：牛肉、土豆 配料：酱油、生粉、食盐、糖
步骤	1. 购买材料：我们一家人去超市买了土豆和新鲜的牛肉 2. 食材预处理：将土豆去皮，并切成小块 3. 将牛肉切片并进行腌制 4. 先炒土豆块，再炒牛肉片 5. 将土豆块、牛肉片放在一起炒 6. 盛碟上菜
品尝评价	色香味俱全

表7　空心菜鸡蛋汤

菜名	空心菜鸡蛋汤
小厨师	刘鑫乐
材料	空心菜300克，鸡蛋3枚
步骤	1. 将空心菜择好洗净 2. 将鸡蛋打入碗中搅拌均匀，然后在锅里放油，将鸡蛋倒入锅中 3. 将鸡蛋两面煎黄，再弄成几块 4. 将两碗清水倒入锅中 5. 待水烧开后，将空心菜倒入锅中 6. 放适量盐和鸡精 7. 起锅装盘
品尝评价	口味清淡

表8　煎　鱼

菜名	煎　鱼
小厨师	刘鑫平
材料	鱼800克、葱、姜、蒜和小尖椒适量
步骤	1. 将鱼洗净，沥干水 2. 在鱼身上抹适量盐腌一会儿，再备好葱姜蒜和辣椒 3. 将适量油倒入锅中，待油烧热，将鱼放入锅中 4. 频繁地动一动锅，让油均匀地粘在鱼身上 5. 将鱼两面煎黄后，放入适量的姜、蒜、葱、辣椒，再放一点清水焖至鱼熟 6. 装盘
品尝评价	鱼外焦里嫩，味道偏咸

表9　麻婆豆腐

菜名	麻婆豆腐
小厨师	孟毅
材料	豆腐，大蒜、生姜、大葱、牛肉馅、淀粉、花椒粉、郫县豆瓣酱

69

步骤	1. 将豆腐洗净，切成小块，用盐水浸泡备用 2. 将大蒜、生姜、大葱切碎 3. 待油烧至七成热，下葱姜蒜末炒出香味，再放牛肉馅炒匀，然后放郫县豆瓣酱炒出红油 4. 将豆腐沥水下锅，炒匀，加入适量水，大火烧开后盖上盖转中小火烧2—3分钟 5. 放水淀粉勾芡，撒花椒粉炒匀，完成
品尝评价	味道好不好，这些都不重要，重要的是你用心去做了这件事，并能感受到爸爸妈妈平时下班回来，急急忙忙买菜做饭给你吃的不易，妈妈非常感动

表10　红烧鸡肉

菜名	红烧鸡肉
小厨师	郭美萱
材料	鸡肉，葱、姜、蒜，调味料、酱油
步骤	1. 将切好的鸡肉冲洗干净后，放入锅中加水炖煮。这个过程中把煮出的漂浮物舀出，煮至约10分钟将鸡肉盛出 2. 点火将炒锅加热后倒入花生油 3. 将煮好的鸡肉放入炒锅内翻炒约两分钟，放入葱姜蒜末 4. 加入少许水，翻炒至肉熟水干 5. 加入调味料及酱油后即可出锅
品尝评价	色香味俱全，看着就很有食欲

表11　红烧猪蹄

菜名	红烧猪蹄
小厨师	唐溢蔓
材料	猪蹄、酱油、白糖、八角、蒜头、姜、盐等
步骤	1. 将猪蹄倒入锅中，再放入适量水 2. 再将配料一一倒入 3. 加盐后搅拌均匀 4. 开启压力锅，等待25分钟 5. 开盖收汁 6. 盛出猪蹄摆盘
品尝评价	色泽鲜亮，软烂可口。肥而不腻，辅以黄酒搭配下肚，味道正好

表12　香煎鸡胸肉

菜名	香煎鸡胸肉
小厨师	陈敬淳
材料	鸡胸肉一块，蚝油、生抽、蜂蜜、胡椒粉、淀粉适量
步骤	1. 将鸡胸肉洗净，并一分为二，装入碗内备用 2. 在鸡胸肉里放入生抽、蚝油、胡椒粉、玉米淀粉、蜂蜜、盐，抓匀，腌制30分钟 3. 在平底锅里放油，待油八成热时放入腌好的鸡胸肉 4. 在鸡胸肉煎至一面金黄色后翻面继续煎 5. 待鸡胸肉煎至两面金黄色，就可以盛出装盘了
品尝评价	这道菜营养美味，鸡胸肉鲜嫩多汁，卡路里含量低，是健身减脂的好选择。陈敬淳小厨师把鸡胸肉腌制得很入味，火候把握得很好，蜂蜜和胡椒混合的香味让人欲罢不能

表13　椰汁西米露

菜名	椰汁西米露
小厨师	黎嘉儿
材料	椰浆、牛奶、西米
步骤	1. 将西米放入滚水里泡20分钟后沥出待用 2. 煲滚水后，将浸泡好的西米放入煲内煮至透明，其间需要不断搅动 3. 加入牛奶及椰浆煮开即可
品尝评价	自己动手少添加，美味又健康

表14　豆角炒牛肉

菜名	豆角炒牛肉
小厨师	梁思彤
材料	豆角，牛肉，蒜头
步骤	1. 将蒜头拍碎，再将豆角洗净切段 2. 将牛肉切片加入酱油、生粉等调料腌制待用 3. 锅内放油、蒜，待油热，放入牛肉片，快炒牛肉至六成熟后盛出 4. 锅内加入切段的豆角，豆角炒变色后加入牛肉一起炒至豆角、牛肉熟透 5. 起锅
品尝评价	思彤通过此道菜懂得了如何将豆角切段和快炒牛肉

表15　豆腐肉末酿香菇

菜名	豆腐肉末酿香菇
小厨师	潘雨诗
材料	干香菇、肉、胡萝卜、豆腐等
步骤	1. 将干香菇浸泡3小时，完全泡软，清洗干净，挤干水分 2. 将肉和胡萝卜切成末，将豆腐捏碎 3. 将肉末、胡萝卜末和豆腐泥放入大碗中，加入少许料酒、盐，用筷子搅拌均匀。将做好的豆腐肉馅酿在香菇中，然后将酿好的香菇整齐地放在盘子中 4. 将盘子放入蒸锅中，冷水开始烧，水开后再蒸10分钟即可出锅 5. 出锅后将盘子中的汤汁倒回锅中，勾上一层薄芡，然后将汤汁淋在做好的香菇上，这道菜就完成了
品尝评价	雨诗在厨房有模有样，挺利索地做完这道菜，品尝起来味道挺好的，比饭店做得更美味，小厨艺不错，爸爸爱吃，谢谢

表16　秋菜炒猪肉

菜名	秋菜炒猪肉
小厨师	赵婧彤
材料	新鲜的秋葵、猪肉、淀粉、蒜等
步骤	1. 把秋葵洗干净 2. 将秋葵切去头和小尾巴，然后斜斜地切成薄片 3. 将猪肉切成片，放入淀粉和酱油腌制一下 4. 开火等锅热了放入油和蒜蓉，再将猪肉翻炒几下盛出 5. 锅内放入切好的秋葵，等炒到差不多熟的时候把猪肉放进去一起炒 6. 放入盐、酱油等调味，将秋葵和猪肉一起翻炒几分钟就做好了
品尝评价	有模有样！这道菜比在外面吃的好吃太多了！

第四阶段：分享成果

做饭煮菜是一个快乐又充满乐趣的过程，相信大家在看到自己的成果后都会有满满的成就感。煮好菜邀请朋友来家里品尝自己的手艺吧！

本次活动结束后，将自己的收获记录下来，可以将做菜的照片上传到班级微信群和大家交流分享。

设计意图：让学生通过收集自己的劳动成果，收获成功的喜悦，同时体会父母的辛劳，从而学会体谅父母，懂得尊重他人的每一次劳动成果。

【活动效果】

通过"气质小厨师"活动，同学们渐渐喜欢上下厨，积累了日常生活经验，亲身体会到父母的不易。同学们在活动过程中，主动积极地为家人提供力所能及的服务，懂得换位思考，学会了尊重、珍惜他人的劳动成果，也懂得了感恩父母的付出。

以下节选部分学生在本次活动中的收获和家长的评价。

一、学生的收获（节选）

刘鑫乐：每年寒暑假我都会参与"气质小厨师"这个活动，以下是我的几点感想：（1）我做菜时，将水和油混在一起，油总会溅出来，希望大家不要在炒菜时把水混进去。（2）要尊重父母的劳动成果，你想一下自己做一餐都这么累，父母每天都给我们做饭，难道他们不累吗？就算菜淡一点或咸一点也很正常，不要挑三拣四。（3）"谁知盘中餐，粒粒皆辛苦"，我们要珍惜粮食，爸爸妈妈做的饭菜吃多少夹多少，做到"空盘"，不要浪费。

刘鑫平：暑假里，我和弟弟每人都做了几道菜。我的感想是：虽然平时我们看爸爸妈妈、爷爷奶奶做菜很容易，但我们真正做起来就会手忙脚乱，有一定的难度。父母每天都给我们做菜，一日三餐，而我们做一道菜都觉得累，父母难道不会觉得累吗？所以我们要做到吃多少盛多少，不浪费食物，也要珍惜父母的劳动成果。还有一点，我们做菜时肯定会用到调料，放调料时一定要适量，如酱油放太多的话会很酸，放少了又没有味道。

陈靖菲：放假啦，我们都很开心，因为可以尽情玩耍了！暑假作业是我们暑假生活中的一个重要学习任务，但是我们的暑假作业与众不同并且很有趣。譬如最具特色的"气质小厨师"这项活动，开心好玩又能体验生活。爸爸妈妈帮我想出三个菜式，然后带我去菜市场买菜，一个菜式就要买两三种菜和配料。提着一大袋肉、菜回家后，我洗完手戴上围裙，洗菜，切菜，然后把菜下锅，煮熟，装碟，上菜……整个过程是非常烦琐、复杂的。从一开始的兴致勃勃到认真仔细完成每一道工序的过程中，我体会到了爸爸妈妈每天煮饭的辛苦，也体会到生活中的各种不容易，哪怕是吃一顿饭，也要做这么多烦琐复杂的准备工作。在津津有味地吃着自己做的特别香的饭菜的同时，我感激爸爸妈妈对我的养育之恩。

梁思彤：原来每天饭桌上妈妈做的每一道菜都是来之不易的。从简单的买洗煮，到讲究营养均衡，妈妈要照顾到家里每一个人的营养需求和口味。一年级我从做最简单的煎荷包蛋做起，到现在我会煮汤、蒸排骨和炒菜。一开始我觉得炒菜、煮饭很新奇、好玩，但后来体验到夏天蒸笼似的厨房和冬天冰冷的水，这并不好受。现在的我珍惜饭桌上每一道菜，能做到不浪费、不挑食。

陈敬淳：经过三年的锻炼，我从一开始不会做饭，到慢慢开始喜欢做饭，体会到做饭的乐趣，再到现在我可以为家人做一顿饭了！吃着自己做的饭，我感到很开心也很骄傲。当妈妈夸我做的饭好吃时，我真是太有成就感了！

黎嘉儿：通过"气质小厨师"活动，我学会了鸡蛋的各种做法，有煎鸡蛋、鸡蛋烧、虾仁炒蛋，鸡蛋饼等。现在每天早上我都会自己煎鸡蛋，还学会做滚瓜汤、菜汤等简单的汤。通过学做菜，我的生活自理能力得到了进一步提高，家人觉得我更懂事了。

王思涵：经过连续三年的锻炼，我从只会吃的小丫头，逐步学会了选菜、买菜、洗菜、切菜和做菜，当然啦，吃货水平也有提高。不过嘛，做菜的水平还有待提高，我会继续努力的，谢谢古老师的魔鬼训练。

刘中扬：从一年级开始，班主任古老师就布置了一项与众不同的作业——"气质小厨师"，要求每个同学在寒假或暑假学习做几道菜，这对于远离厨房的我们来说，绝对是个挑战。妈妈带着我去菜市场，教我认识各种蔬菜，让我第一次试着择菜，看着我笨拙地打鸡蛋。虽然每次做菜厨房都被我弄得一团糟，我做的菜也没那么好吃，但是我了解了饭是怎么做出来的，现在可以帮妈妈分担家务了。

孟毅：通过这次自己做菜，我感受到上一天班的妈妈回家还要给我们做饭的辛苦！同样感受到即使是一道普通的菜，做起来也并不容易。

梁程沛：我很喜欢这个活动，在妈妈不想做饭的时候，我已经可以给全家人做上满满一桌色香味俱全的美食了。

赵弘奕：通过煮饭做菜，我感受到了家人的辛苦与用心。通过锻炼，我知道了炒菜时的注意事项，例如要先倒油，油热以后再放菜。另外，在使用刀具的时候要注意别伤到手。经过这些锻炼，我增长了不少本领了！

蔡诗桐：做小厨师的活动或多或少都会有一些经历、收获。我第一次做菜的时候，特别紧张，也有点儿害怕。做菜的时候怕被油溅到，切菜的时候怕被切到，洗菜的时候怕洗不干净。现在做了那么多次菜，好一点了。做菜，其实就像做其他事情一样多做几遍就好了。

张昕悦：我虽然很爱吃，但是我不会做饭。古老师每学期都给我们布置做饭的作业，让我渐渐爱上了做饭。从一开始做简单的三明治，到后来能做爷爷的小助手，我觉得开心极了！我还要继续学习做更高级的菜式，成为我家的"悦大厨"！

谢雅思：老师第一次布置的"气质小厨师"作业一下子就让我犯了难，想想菜市场琳琅满目的菜，还有锅里容易到处飞溅的油，滚烫的锅边，太可怕了！我硬着头皮做了一盘黑黄相间的炒鸡蛋，还有一盘半生半熟咸得要命的土豆丝。后来又尝试做了第二次、第三次，慢慢地，做出的菜有点样子了。妈妈也给予了很多指导和帮助。终于现在的我对于炒菜已经驾轻就熟，能做出几道味道不错的菜了，不过切菜有一点慢，希望以后能切得又快又好。

林宗泽："气质小厨师"这个活动特别有意思，也很有乐趣，我非常喜欢。假期里，我会与爸爸讨论菜谱，跟着爸爸到超市买菜，然后自己洗菜、切菜、炒菜。看着自己亲手做出来的美味佳肴，以及父母满意的笑容，我心里乐开了花。我从一个"十指不沾阳春水"的小男孩蜕变成一个小厨师，挺有成就感的。

二、家长评价（节选）

刘鑫平、刘鑫乐妈妈：从一年级连刀都不知怎么拿，到二年级在家长的协助下能完成做菜整个过程，再到三年级家长只需在旁拍照，整个做菜过程独立完成，而且放油、盐等都能够控制得挺好，现在回想一下，感觉孩子们真的长大了，平常有时间他们还会主动做饭菜给我们吃。这离不开三年来的"气质小厨师"活动，它让孩子们提高了动手能力，而且让他们懂得家长的辛苦，学会了主动分担家务。

陈靖菲爸爸：这个贴近生活的活动，锻炼了孩子的动手能力和享受劳动成果之余，还让孩子切身感受到父母对孩子的爱及对家庭的责任感。这个活动非常好，值得继续坚持和发扬光大！这个活动让孩子们收获很多，也增进了亲子感情，其乐融融，非常和谐，同时，孩子兴趣盎然，能够不怕劳累，克服对刀具、油锅、灶火的畏惧，并享受劳动成果。这个活动带来的欢乐和收获都非常多。

梁思彤妈妈："自己动手，丰衣足食"，这是我常对孩子说的，有动手能力才有收获。孩子懂得做简单的饭菜后，会主动申请"今天我来煮饭吧"。每一次做菜都有进步，偶尔也会研究新菜式、新口味。从开始握刀瑟瑟发抖到现在能用小刀刨瓜果皮，我最大的感触是：家人若生病，孩子能独立做一顿简单的饭菜了。孩子是真的长大了。

陈敬淳妈妈：通过三年"气质小厨师"活动的开展，孩子对烹饪产生了浓厚的兴趣，不仅积累了很多生活经验，提高了动手能力，还感受到食物来之不易，并能够珍惜粮食，更能理解父母平时工作的辛苦，增强了孩子在家庭生活中的责任感。

黎嘉儿妈妈：通过几年"气质小厨师"活动的开展，孩子不但对烹饪产生了兴趣，也极大地锻炼了动手能力，加强了对各种农产品的认识，丰富了课外生活，同时培养了孩子参与家务活动的积极性，认识到作为家庭成员应该为家庭出力。

王思涵爸爸：在"90后""00后"孩子爱吃快餐、叫外卖，大不了煮个泡面的年代，古老师给孩子们提供了一个非常好的学习机会，让孩子们不仅学习书本知识，更掌握了各种社会生活技能、独立生活的本领。思涵通过做菜学到了书本上学不到的本领，懂得父母的辛苦，谢谢老师！

孟毅妈妈：看到孩子做菜从开始的笨手笨脚到后来的大胆尝试，我感到十分欣慰。做了几次菜后，孩子也体会到父母的辛苦。这种活动非常有意义，最主要的是对孩子生活自理能力的提高十分有帮助！

梁程沛妈妈：经过几个假期的"气质小厨师"作业，孩子做菜从笨手笨脚到游刃有余。虽然也曾心疼孩子被刀切伤的手，但吃着孩子独自忙活半天做出的三菜一汤，我的心里还是美滋滋的。

赵弘奕妈妈："气质小厨师"的活动非常好，孩子平时都是饭来张口、衣来伸手，这个作业让孩子了解到买菜、备菜以及做菜的全过程。通过三年的锻炼，孩子现在已经可以做煎鸡蛋、炒青菜了。同时，洗碗、洗锅做得有模有样。假期，就要这样过才有意义！

张昕悦妈妈：我是个不爱做饭的妈妈，却有一个超爱吃的孩子。幸运的是，孩子对做饭充满了兴趣。每次的"气质小厨师"活动，都是我们母女共同学习、成长的机会。从简单的沙拉、水果拼盘到略微复杂的清炒土豆丝、炒青菜，每一次进步都充满了惊喜。感谢这个有意义也有意思的作业，让我和孩子在共同学习的过程中，感受了"家的味道"。

林宗泽爸爸："气质小厨师"活动很有意义，孩子乐于参与，并从中得到了锻炼，受益良多。

林蓓爸爸：在林蓓一年级开始参与"气质小厨师"这个活动的时候，不论是我们家长还是她自己，都是既兴奋又担心的。兴奋是因为从一年级就开始培养孩子做饭的能力，这是成长生活最基础的一项技能；担心是因为做饭会接触刀具、炉具这些有危险的用品，处理不甚后果不堪设想。所以，我们秉持着循序渐进的原则，尽量安排简单的菜式，例如蒸水蛋、盐水菜心、番茄炒鸡蛋等。因为她力气小，所以在她切菜、翻炒的时候，我们心里还是很担心的，但是我们心里明白，这些都是孩子成长必经的过程，今后的生活中还有更多事需要她独自去面对，我们只能在有能力的范围内教会她生活技能。

李继之妈妈：三年以来在古老师的引导下，继之明显喜欢上"小厨师"这个角色，他偶尔会在周末做自己喜欢吃的菜，比如煎鸡蛋。现在他比妈妈煎得好，知道做菜的技巧，知道掌握火候，知道鸡蛋煎出来要讲究颜色和形状……通过"气质小厨师"这个作业，他懂得了欲速不达，做事情必须有耐心才能做好的道理！

谢雅思妈妈：雅思从第一次战战兢兢做出不忍直视的饭菜，到后来熟练地做出一道菜，还能反思味道需要怎样改进。看似小小的进步，却历经了三年。不知不觉，发现"气质小厨师"这个活动不仅锻炼了孩子的动手能力，也让她体会到了妈妈做饭的辛劳，并且让孩子在以后的独立生活中，解决了吃饭问题。

【活动反思】

现在很多孩子习惯了衣来伸手、饭来张口，家长也认为孩子现在只要好好学习就行，长大后自然会做一些简单的家务，于是家务就由父母甚至是爷爷奶奶（姥爷姥姥）包办了。虽然做家务只是一件小事，但它是孩子走向自立的重要标志。美国蒙特梭利基金会理事长Tim Seldin曾这样评价做家务的重要性："教孩子自己动手做，无论是盥洗、穿衣、准备点心或倒饮料，都能协助孩子迈向独立之路。孩子在培养相当程度的独立时，也奠定了受惠一辈子的良好工作习惯、自律自重与责任感。"

通过"气质小厨师"活动，我看到了孩子们的潜能。其实孩子们不仅动手能力强，而且很享受下厨的过程。当家人、朋友品尝自己的劳动成果时，孩子们是期待的；当家人、朋友给出评价时，孩子们是惊喜的。原来自己也能做好一顿饭！这个活动不仅拉近了亲子关系，还培养了孩子热爱劳动的好习惯。在活动中，孩子们也学会了一些解决问题的方法。比如，买菜时如何搭配，才能既照顾到每一个家人的喜好，又能有营养，因此学会了合理安排，考虑细致、周到。过去有些孩子做事不仔细，在家里总是以自我为中心，在活动过程中他们学会承担责任，变得认真、细心了，这对他们今后的生活和学习都会很有帮助。可能有些孩子做出的菜品相、味道一般，但是在活动中孩子认识到"责任"的重要性以及体验成就感、幸福感是最重要的。

"气质小厨师"作为我们班级的传统活动，今后会持续进行，但是怎样让孩子们在这个活动中学到更多，体会更深刻，这是我需要进一步思考的问题。

月亮圆圆，情意浓浓

广州市天河区侨乐小学　苏可庆

【活动背景】

对于大多数刚上三年级的小学生来说，中秋节代表家人团圆。孩子对中秋节吃月饼的习俗已不陌生，像传统月饼、冰皮月饼等各种月饼，孩子们都吃过。但是，月饼是怎么制作出来的，制作月饼需要哪些材料和工具，对于学生而言相当陌生。在中秋节前举办这个活动，通过家长进课堂，亲自教孩子制作月饼，孩子亲手制作月饼给长辈、给自己，让孩子参与到家庭中秋节的准备中，既能锻炼孩子的动手能力，又能对传统文化习俗有进一步的了解。

【活动目标】

家校合作，让孩子体验制作冰皮月饼的过程，锻炼动手能力，为家里过中秋节做准备。

【活动主题】

月亮圆圆，情意浓浓

【活动时间和地点】

2018年9月21日于广州市天河区侨乐小学。

三年级

【活动对象】

广州市天河区侨乐小学三年级（4）班。

【活动组织和分工】

前期工作：确定活动主题，制订初步方案。

准备工作：与家委会沟通交流，明确活动目标和活动大致流程。发动更多家长参与：招募家长主讲师、准备材料等。开班会，共同约定活动当天的注意事项，比如纪律、座位、分工等。

【活动过程】

（A、B：主持人）

一、介绍中秋节，宣布活动开始

A、B：尊敬的老师、亲爱的同学们，大家下午好！

A：九月份我们即将迎来一个传统节日，大家知道是什么吗？

B：对了，就是中秋节。谁知道中秋节的由来？中秋节有哪些传统？哪位同学知道？

A：接下来，让我们以热烈的掌声请第四小组的同学为我们介绍中秋节！

B：感谢第四小组的介绍。月饼的确是一种非常美味的食物，我最喜欢吃冰皮月饼，甜而不腻。

A：那就对了，今天有机会让大家亲自体验月饼是怎么做的。

B：大家知道吗？小静妈妈、小若妈妈是做月饼的高手呢！下面让我们用掌声请出两位妈妈，请她们手把手地教我们制作冰皮月饼。

二、制作冰皮月饼

小静妈妈：大家好！我是小静妈妈，今天我和小若妈妈、峻熙妈妈同大家一起做冰皮月饼。我们做完以后，你们要带回家和爸爸妈妈一起分享，分享月饼就是分享团圆，大家说好吗？

小静妈妈：请同学们看看桌面上的材料，有揉好的冰皮、馅料、模具等。首先我们拿出一小块冰皮，揉成球状，然后压成圆形。

（其他妈妈在各小组间巡视，给予指导与帮忙）

小若妈妈：接下来，请各位同学剪开馅料的包装袋，挤出一些馅料放入冰皮的中间。

小静妈妈：放完馅料以后，把圆形的冰皮再次揉成球状，放进模具里面用力压。倒出来以后，一个冰皮月饼就做好了。

小若妈妈：大家在制作的时候，要注意卫生，把做好的月饼放在盒子里。做的时候尽量不要讲话，要戴上口罩。

小静妈妈：做完以后，把你的劳动成果给大家看看吧！

三、活动小结，分享感受

A：同学们，大家的月饼都做完了吗？

B：下面我们来采访一下，你的心情是怎么样的？

A：同学们做了几个月饼？打算怎么分配呢？

（随机请同学交流感受）

B：是呀，无论月饼有多少，我们都应该和亲爱的家人一起分享，这才是中秋节的意义所在。

A：我也迫不及待地想把月饼带回家给爸爸妈妈吃了。

B：这次的活动，我们要感谢谁呢？

（全班学生回答）

A：让我们响亮地对她们说一声："阿姨，谢谢您！"

（全班学生致谢）

B：接下来，请小婧妈妈和小若妈妈讲话。

小婧妈妈：感谢学校和老师给我们这个机会和同学们一起制作月饼，这对我们家长来说是一个难忘的经历，不但能和同学们一起快乐地合作，指导同学们的制作，还能体会到老师平时上课的辛苦。所以，同学们上课要认真

三年级

听讲，努力学习更多的知识。谢谢大家！

小若妈妈：中秋节是一个合家团圆的节日，作为小孩子，我们也能做自己力所能及的事情。比如洗水果、切月饼、装饰家里等。当然，还有像今天这样做月饼。月饼不一定是外面买的才好吃，自己亲手做的更美味。

A：感谢两位妈妈的发言！也感谢各位妈妈的到来！今天的活动接近尾声了，我们请班主任讲话。掌声欢迎。

班主任：非常感谢各位家长的到来和对我们活动的大力支持，让我们再一次用热烈的掌声表示感谢！这次活动，我们通过实践，了解了冰皮月饼的制作过程。我们边做边想要把做好的月饼分享给家人，其实这就是心中有家人的体现，相信你们的家人今天看到和尝到你们亲手做的月饼，不但嘴巴里甜滋滋的，心里更是甜滋滋的。苏轼的一首词中写得好："但愿人长久，千里共婵娟。"有什么比一家人在一起更快乐的呢？我们的主题"月亮圆圆，情意浓浓"所要表达的正是这个意思。最后预祝家长们、同学们中秋节快乐！

A、B："月亮圆圆，情意浓浓"三年（4）班主题班级活动，到此结束！

图1　学生自己动手做月饼

图2　大功告成

【活动反思】

这是一节组织活动式的班会课。通过实践及谈感受，学生不仅重温了中秋节的相关知识，还深入了解了中秋节的内涵：团圆。这节班会课终于圆满结束了，看着孩子们认真做月饼，小心翼翼地包好准备带回家的场景，我的内心无比激动。我们祖国的未来，不正是需要这样一群心中有家人，懂得关爱家人的人吗？祖国的传统文化，不正是需要这样一群乐于尝试、乐于实践的人来传承吗？今天他们在中秋节承担的任务只是做几个月饼，但是以后，他们会营造一个温暖的家，他们会把中秋文化代代相传。一节班会课，让我和我的孩子们的心中都充满温暖，充满对家人浓浓的爱！

我们的班级我们做主

——四年级自主教育班级主题活动案例

广州市天河区旭景小学　钟雪华

【活动背景】

教室作为学生学习的主阵地，学校教室文明建设关系着学生的学习质量。为培养学生从小事做起，从身边做起，我们开展"我们的班级我们做主"的主题活动，同学们齐心协力，共同动手装饰教室，一起创建美好的学习空间。在活动中，学生能够相互配合、相互沟通，共同营造一种积极上进的教室文化氛围，充分展现班级风采。

【活动目标】

1.感受班集体的温馨，培养学生对友情的感悟力，营造温馨和睦的班级环境。

2.通过调查采访、实地参观，激发学生观察生活、探究问题的兴趣。

3.通过收集整理资料，培养学生初步的合作与分享意识。

4.通过美化班级活动，提升学生的审美能力。

【活动主题】

我们的班级我们做主

【活动内容】

1. 小组搜集、讨论、汇总一份有关班级安全和装扮班级、美化班级的资料。

2. 小组成员每人选择一种方式就小组研究内容形成作品成果。

【活动形式】

小组合作、亲子合作、调查访问、制作手工、查找文献、反思总结。

【活动计划】

表1　"我们的班级我们做主"活动计划表

活动阶段		活动时间	活动内容	活动分工	活动成果
众里寻他，确定主题		2019年9月	1. 引出话题，发现问题 2. 甄选主题，宣传发动 3. 安全教育，礼仪指导	综合实践教师、学生	落实研究主题
众人拾柴，制订方案		2019年10月	1. 确定小组课题 2. 选定组长并分工 3. 制订实施方案 4. 确定调查问卷	综合实践教师、学生	制订研究方案，确定小课题
众志成城，合作探究	第一阶段实践探究	2019年11月	1. 分组实践活动 2. 听取保健讲座 3. 采访保健医生 4. 做阶段性小结 5. 细化实施方案	学生、卫生教师、保健医生、综合实践教师	收集信息
	第二阶段沉淀内化	2019年11月	1. 小记者：调查报告 2. 小主人：视频资料 3. 小编辑：资料汇编 4. 小设计：手工制作 5. 小客人：参观体验	综合实践教师、学生、保健医生、数学教师、信息技术教师	整理信息

四年级

活动阶段	活动时间	活动内容	活动分工	活动成果
众擎易举，成果展示	2019年12月	1. 分组展示成果 2. 设计温馨班级 3. 写活动的心得 4. 写一份倡议书	学生、家长、综合实践教师、卫生教师	制作小册子、调查报告、DIY作品、手抄报、视频集、相册
众望所归，活动评价	2019年12月	1. 多元评价：填写评价表 2. 表彰鼓励：评选出个人奖、合作奖、创意奖 拓展延伸：我能管理好自己	学生、家长、小组成员、导师团成员及综合实践教师	写评价表、活动心得、活动随笔

【活动过程】

表2 "我们的班级我们做主"活动过程表

时间	流程步骤	学生活动	教师活动	设计意图
2019年9月	众里寻他，确定主题	1. 引出话题，发现问题（班级安全、班级美化、未来班级设计……） 2. 甄选主题，宣传发动（全面认识自己的班级、班级安全调查、美化班级行动、设计未来的班级……） 3. 安全教育，礼仪指导（做个贴心的小主人的要求，做个文明有礼的小客人的要求，如何取得家长的支持和配合……）	1. 指导分工，确保每个同学主动行动 2. 联系合作，确保多方资源联动 3. 细化方案，确保活动顺利启动 4. 组建团队，确保各方资源充分利用	良好的开始是成功的一半。那么如何从纷繁复杂的现象中发现一个合适的研究主题呢？我们需要一双善于发现的眼睛、一颗敏感细腻的心，把这个身边的课题从灯火阑珊处寻找出来。本课题的选取源自学生的兴趣。导师团的建立也解决了术有专攻的问题，帮助学生更好地深入研究

时间	流程步骤	学生活动	教师活动	设计意图
2019年10月	众人拾柴，制订方案	1. 公开投标，确定小组课题 2. 各展所长，选定组长分工 3. 集思广益，制订实施方案 4. 齐心合力，确定调查问卷	1. 发挥小组能动性，发掘学生的潜力 2. 发挥导师团作用，及时疏导释疑解难 3. 发挥实践的精神，和学生一起做中学	教师的计划主要是在过程中落实对学生的指导，帮助学生找到适合自己的学习方式和探究方式，与学生共同开展探究，并且提供技术支持。综合实践活动具有实践性。只有学生以活动为载体，积极参与到各项活动中去，在考察、实验、探究中才能发现和解决问题，体验和感受生活，发展实践能力和创新能力
2019年11月	众志成城，合作探究	1. 分组实践活动：百花齐放竞风流 2. 班级安全讲座：班级安全知多少 3. 采访班级设计师：请来大师帮帮忙 4. 做阶段性小结：活动休息加油站 5. 细化实施方案：我们能走得更好 6. 特色体验活动：欢迎来我班级串门 7. 美化班级行动：我的地盘我做主	1. 及时跟踪指导，提供多方的技术支持 2. 留意实践动态，跟进每个流程的实施 3. 及时进行调整，灵活处理各种小问题	
2019年12月	众擎易举，成果展示	1. 组织讨论，筹备展示 2. 中期汇报，展示成果 （小记者：调查报告。 小画师：班级设计。 小编辑：资料汇编。 小主人：美化班级。 小客人：参观体验。 小设计：实用设计） 3. 及时反馈，调整活动	1. 组内合作，博采众长 2. 组间分享，互动交流 3. 班级校活动，多元参与	综合实践活动进行成果展示交流，是让学生展示收获的过程，也是学生体会成功的过程。成果展示就是让每个小组、每个成员都体验到成功的喜悦和合作的力量

四年级

时间	流程步骤	学生活动	教师活动	设计意图
2019年12月	众望所归，评价总结	1. 多元评价，填评价表（学生个人、小组成员、教师家长共同参与） 2. 表彰鼓励，我们最棒（个人奖、合作奖、创意奖） 3. 我写我心，小结反思（写活动体会）	1. 注重鼓励，培养自信 2. 着重反思，提高促进 3. 看重合作，学会互助 4. 侧重体验，加深感悟	多元化的评价要求学生自评、小组评、家长评、教师评，有量化评价并有质性评语。评价不注重分数，而是重视过程
	众川赴海，深化拓展	1. 拓展延伸：我的地盘我做主——"我的小天地"设计大赛 2. 深化活动：我是班级小主人——美化教室行动进行中		

【评价表格】

表3 "我们的班级我们做主"活动评价表

姓名		班级		活动主题		
评价主体	评价内容		评价标准			选项
学生自评	1. 对选题的兴趣		① 浓厚	② 一般	③ 不感兴趣	
	2. 收集信息的方法		① 多	② 一般	③ 少	
	3. 对所收集的信息整理、加工的能力		① 好	② 一般	③ 较差	
	4. 设计开展活动的方式		① 多	② 一般	③ 少	
	5. 活动开展的情况		① 很顺利	② 一般	③ 较困难	
	6. 在活动中的表现		① 很积极	② 一般	③ 不积极	
	7. 与小组成员合作		① 很愉快	② 一般	③ 不愉快	
	8. 活动成效是否达到活动目标		① 达到	② 基本达到	③ 没达到	
	9. 对这次活动进一步开展的愿望		① 很想	② 一般	③ 不想	
我要对自己说：我给自己_____颗星						

评价主体	评价内容	评价标准			选项
班级长评价	10. 学生与你们讨论活动	① 经常	② 较少	③ 不讨论	
	11. 学生在活动中投入的精力	① 很多	② 一般	③ 较少	
	12. 学生对活动的兴趣	① 浓厚	② 一般	③ 不感兴趣	
	13. 学生活动后的收获	① 很多	② 一般	③ 没收获	
我要对你说：我给你_____颗星					
老师评价	14. 学生对活动主题的兴趣	① 浓厚	② 一般	③ 不感兴趣	
	15. 学生是否经常请教指导老师	① 经常	② 较少	③ 很少	
	16. 小组成员自主合作与探究	① 能	② 基本能	③ 不能	
	17. 学生收集和处理信息的能力	① 好	② 一般	③ 较差	
	18. 学生的个人创意	① 有	② 一般	③ 没有	
	19. 活动成效是否达到活动目标	① 达到	② 基本达到	③ 没达到	
我希望你：我给你_____颗星					
小组评价	我们给你_____颗星				
我的星级	我一共得到了_____颗星				

【活动简例】

我们的班级我们做主

——主题中期汇报

一、活动目标

1. 通过交流分享，形成初步的合作与分享意识。

2. 通过汇报评议活动，培养学生运用知识和分析判断的能力。

3.通过展示班级美化成果，体会班级成员之间的亲密情感，对于"班级"有一个全面的认识，营造温馨和睦的班级环境。

二、活动过程

（一）激发兴趣，介绍活动（老师交流，时间为2分钟）

1.谈话导入，主题由来。

2.照片剪影，简介活动。

（二）前期回顾，了解进程（小主持介绍，时间为5分钟）

1.自主投标，确立内容。

A.小编辑——融会贯通识班级。

B.小主人——奇思妙想秀班级。

C.小客人——身临其境看班级。

D.小记者——小眼睛看大班级。

E.小画师——五彩童画配班级。

F.小设计师——心灵手巧美班级。

2.自由组合，确定小组。

3.共同推荐，确定组长。

4.分工合作，落实方案。

三、中期汇报，交流分享（小组长组织，时间30分钟）

1.分组交流，随机分享（以沙场秋点兵的形式进行，要求每个学生都做好交流的准备）。

2.点子荟萃，提升活动。

（1）学生随机鼓励和提出建议。

（2）教师相机点评和小结点子。

预设：

小主人——我秀我班视频集，"我们的班级我们做主"照片展……

小客人——参观体验卡，参观感受日志……

小画师——特色班级作品展，未来的班级手抄报……

小记者——班级安全大搜查，班级美化知多少……

小编辑——班级汇编小册子，班级美化金点子……

小设计师——DIY挂件，我为班级添点绿……

四、后期展望，活动小结（师生互动，时间为3分钟）

1. 小组讨论，整改方法（照片集、视频集：注意条理性，按一定顺序。手抄报：图文并茂、美观可行。调查报告：数据全面、建议有效。小设计：美观、实用、温馨、有创意……）

2. 展示评价，自主评价（多元评价，填评价表：学生个人、小组成员、教师、家长共同参与）。

3. 小结活动，展望后期（我们的班级我们做主——美化教室在行动）。

【活动反思】

伴随着"让爱天天住班里，让爱天天住我班，拥有健康，充满欢乐，让爱永远住我们的班"这首充满爱的歌曲的唱响，我们为期4个月的综合实践活动"我们的班级我们做主"也画上了圆满的句号。在这次活动中，我的学生、家长、教师自己都深深地被爱意、创意包围着，感染着，感动着。回首这一路走来的点点滴滴，百般滋味在心头。

一、确定主题——众里寻他

良好的开始是成功的一半。选择一个有趣、有益、有价值的课题就意味着这个综合实践活动是可持续发展的。本次活动我们就是从学生的兴趣着手（对班级的喜爱），从现状调查出发（身边同学对班级的满意度），结合时事、热点（频繁出现孩童在班级中遭遇意外的新闻），引出话题（如何美化我们的班级），发现问题（我们的班级安全吗），最后经过探讨和前期调查甄选出值得研究的课题。以班级为主题，学生有亲切感，他们就有说不完、道不尽的话。在此情感的支撑下，我们根据学生的年龄特点，选择了"我们的班级我们做主"这个主题。通过这个主题，引导学生了解自己的班级，感受班级的温暖，懂得如何美化自己的班级和创建一个安全舒适的班级。

二、制订方案——众人拾柴

科学、合理、有效的方案就像夜空中璀璨的启明星，能够指引我们前行的方向。那么如何使这星星之火汇成可以燎原的火炬呢？俗话说得好："众人拾柴火焰高。"我们在制订各项细则时需要群策群力、集思广益。例如，调查班级安全环节活动指导者涉及数学、信息技术等学科的老师；在班级美化环节中，我们需要家长的引领，所以我们成立了一个导师团，包括多学科的老师、保健医生和家长代表等。而导师团的成立并非一劳永逸，我们还要思考如下问题：①成员们工作的时间和地点都不统一，他们在时间、精力上能否积极配合，如何做到有效沟通；②活动中需要的实验设备及材料用具能否自行解决或者如何筹备；③活动计划中安排的参观采访，具体到哪儿去参观，采访对象是否合适，活动的安全如何保障；④活动过程中时间安排是否合理，如果与其他学习安排发生冲突，如何协调两者的关系。另外，由于学生已有的知识、能力、经验有一定的局限性，无法一次性制订出周密、科学的计划，所以我们要适时开展小组讨论会和班级交流会，共同修订活动方案。通过这一系列活动，我们从人力、物力、财力、时间等方面的因素审视活动方案的可行性和可操作性。

三、合作探究——众志成城

综合实践活动的目标之一是培养学生的合作意识、交往能力。三人成众，强调的正是合作、互助，万众一心。同时，活动性是综合实践课程的特点。在这次活动中，学生在老师的指导下走出校门，在家长的参与下深入班级，通过参与丰富多彩的活动，用探究的眼光观察生活，用探究的方式体验生活，用探究的力量改善班级生活环境。在这次活动中，我们需要家长们的大力支持（如请家长协助孩子收集和准备以下物品：与孩子在一起的照片、孩子最喜欢的物品、孩子在国庆节期间利用废旧物品自制的各种玩具），大部分家长都能积极地帮助孩子准备好所需物品，并且热情地参与我们的活动。家长的帮助，一方面能让我们更好地了解学生所进行的学习活动；另一方面，对于我们来说无疑是一种鼓励与动力，促使我们与学生一起更好地开展主题活动，使我们的主题活动更具灵活性、系统性和开放性。

四、成果展示——众擎易举

一枝独秀不是春，百花齐放春满园。在展示成果阶段，我们需要博采众长，让每个学生都能发挥自己的能动性。小编辑们做了一本本内容翔实、图文并茂的小册子。小记者们做了关于班级安全和美化的调查报告，数据翔实、结论合理。小设计师们用自己灵巧的双手设计出实用又美观的

DIY作品……从展示的形式上看，既有图片、实物，又有表演、演说、情景再现等。展示时，先由小组全方位汇报活动开展的情况，再在小组之间互相鼓励、提出建议，最后由教师进行及时的点评和总结。无论是一张张精心拍摄的照片、一件件潜心创作的手工艺品、一块块精美漂亮的展板，还是一份份真实可靠的调查问卷、一篇篇真挚感人的反思日记……总而言之，这些沉甸甸的收获无不体现出学生参与活动的热情和喜悦。

五、活动评价——众望所归

多元化的评价要注意的不是众口难调，也不是众口铄金，而是要鼓励肯定，通过评价活动让学生全面认识自己和他人，给予学生更多的正能量。学生通过本次活动，既了解了班级美化和安全的常识和技巧，提升了收集和整理信息等多种能力，对班级的关爱和感恩意识也加强了。因此，不论是学生自评、小组评、导师团的评价都要以肯定和鼓励为主，这也能让学生找到信心。

 附1

"我们的班级我们做主"亲子活动

尊敬的家长：

您好！为了营造和谐欢乐的班级氛围，增进热爱班级的情感，我班将举行"我们的班级我们做主"综合实践活动。为了提高学生的综合实践能力，诚邀您一起参与这次亲子活动。

具体安排如下：

表4 "我们的班级我们做主"亲子活动安排表

序号	活动名称	活动内容	展示形式	完成时间	备注要求
1	小主人——欢迎来我班级	拍摄班级照片或视频，展示班级特色	照片或者视频	11月10日前	请家长拍摄视频，再把电子版用优盘拷到班级电脑里

序号	活动名称	活动内容	展示形式	完成时间	备注要求
2	小记者——搜集资料，做调查问卷	选择"你了解班级吗""班级安全知多少""美化班级在行动""班级装扮小能手"等主题开展研究，收集相关资料，撰写"班级安全和班级美化"调查报告	调查报告，资料汇编	11月15日前	请家长帮忙把资料打印出来
3	小画师——画手抄报	以"我们的班级我们做主"为主题画手抄报制作班级特色推荐卡	手抄报	11月30日前	这两项活动为二选一，学生可自选一项完成
4	小客人——我来串串门	参观特色班级，填写班级参观卡	参观卡，PPT展示	11月30日前	建议会做PPT的家长指导学生完成，再把电子版发送到邮箱
5	小设计师——美化班级	美化班级的一角	手工作品	12月15日前	和学生一起动动手，把班级装扮得温馨舒适，并把美图秀一秀

（温馨提示：第1、2、5项活动，请把电子稿用"作业名称+学生姓名"建立文档后压缩，保存在优盘上带回学校）

为了保证活动的顺利开展，请按时完成相关活动。

第2、3、5项作业，学生只要根据意愿选做一项就可以了。

请为学生准备一个文件袋和优盘，用于汇集资料。

给学生搭建一个平台，学生将还给我们一份精彩！衷心感谢您对我们班级活动的大力支持！

表5 欢迎来我班级串串门——"特色班级"参观体验卡

小主人		参观地址		
小客人		参观时间		
班级整体情况（在相应选项中打"√"）	安全（　）	整洁（　）	美观（　）	舒适（　）
我最喜欢的空间及理由（可从色调搭配、整体布局、物品摆设、时尚感、空间使用等方面谈）				
我最喜欢的设计及理由（可从创意、心意、实用、美观等角度来谈）				
对我的启发				
温馨提示	1. 为了更好地举办"我们的班级我们做主"综合实践活动，特此开展本项活动，所以请同学们在串门的时候，别忘了学习目的哟！ 2. 去其他班级串门、参观，要注意文明礼仪，不要给同学们和长辈们添麻烦。相信同学们是个受欢迎的小客人！ 3. 请小主人在参观前做好班级的介绍，让同学们的参观更为有效，还要注意拍摄好相关的参观照片并做记录。 4. 衷心感谢提供特色班级参观的班级！			

四年级

附3

"班级美化小能手"调查问卷

亲爱的同学：请和家长一起完成这份问卷，在"□"内打"√"即可。谢谢你们的参与！

1. 姓名：＿＿＿＿＿＿＿＿

2. 小组：＿＿＿＿＿＿＿＿

3. 研究主题：＿＿＿＿＿＿＿＿

4. 你对目前的班级设计满意吗？□满意　□不满意（　　　　　　）

5. 你最喜欢你班级的哪一处？

□讲台　□展示栏　□图书角　□卫生角　□桌椅　□休闲区

□其他（　　　　　）

6. 你想对自己的班级哪个部分重新装修吗？

□讲台　□展示栏　□图书角　□卫生角　□桌椅　□休闲区

□其他（　　　　　）

7. 你知道的室内设计流派：

□高技派　□光亮派　□白色派　□风格派　□极简主义

□装饰艺术　□后现代风格　□解构主义　□新现代主义

8. 你的班级是哪种主色调？

□冷色调　□中性色调　□暖色调

9. 如果重新装修，你希望你的班级装饰成哪种主色调？

□冷色调　□中性色调　□暖色调

10. 你注重班级装修的哪些要素？

□空间　□陈设　□绿化　□色彩　□光影　□装饰

"班级安全知多少"调查问卷

亲爱的同学：请和家长一起完成这份问卷，在"□"内打"√"即可。谢谢你们的参与！

1. 姓名：_____

2. 班级的楼层为第____层。

3. 班级里是否使用了拉门、拉窗等容易夹伤手的设施：□是　□否

4. 你班级里的体温计、消毒剂等物品放置在：

□学生不易触及处　□低处　□随处放置

5. 班级的窗前、休闲区前有没有放置凳子、箱子等物品：□有　□无

6. 室内窗户是否安装了防护栏：□是　□否

7. 班级教具的尖角是否包上了泡沫或贴上软胶：□是　□否

8. 外出前是否会留意火患，检查电器电源安全：□是　□否

9. 是否将电源、电线等放置在学生不易接触到的地方：□是　□否

10. 房门是否加用门垫顶着门隙，防止夹伤手：□是　□否

11. 电源插座是否加盖：□是　□否

12. 电器是否装有漏电保护装置或触电保护器：□是　□否

13. 班级是否使用环保教具或者绿色墙纸：□是　□否

14. 学生发生班级意外伤害事故最多的地点在：

□展示栏　□卫生间　□卫生角　□讲台　□楼梯　□休闲区　□窗户
□其他（　　　　　　）

15. 你是否常常留意班级中的美术刀具摆放的位置：□是　□否

16. 班级中的药物是否放置妥当：□是　□否

17. 你觉得班级中比较突出的隐患是：_____。

表6 中期汇报课学生个人评价表

课题名称	我们的班级我们做主		评价人		
评价类别	评价标准	作者	优点（填序号）	金点子	星级（四星级）
小主人：视频集、照片集	1. 环境整洁 2. 安全舒适 3. 有独特性 4. 介绍清晰				
小客人：体验卡	1. 切身体验 2. 找出亮点 3. 得到启发 4. 装饰美观				
小编辑：小册子	1. 图文并茂 2. 主题突出 3. 格式规范 4. 汇编适当				
小画师：手抄报	1. 实用有效 2. 主题鲜明 3. 内容充实 4. 色彩丰富				
小记者：调查报告	1. 数据翔实 2. 调查合理 3. 结论正确 4. 意见中肯				
小设计师：DIY作品	1. 实用有效 2. 美观大方 3. 色彩鲜艳 4. 创新特色				
温馨提示	1. 作者名字简写一个字即可 2. 优点栏填写"评价标准"处相应序号即可 3. 星级标准为：四星（优秀），三星（良好），两星（一般），一星（努力）				

"我们的班级我们做主"学生成长档案袋目录

1. 过程性资料

（1）汇编资料（共　　份）。

（2）活动练笔（共　　份）。

（3）调查问卷（共　　份）。

（4）小组计划（共　　份）。

（5）移动优盘（共　　份）。

（6）其他（共　　份）。

2. 成果性资料

（1）小册子（共　　份）。

（2）手抄报（共　　份）。

（3）相片集（共　　份）。

（4）视频集（共　　份）。

（5）体验卡（共　　份）。

（6）小设计（共　　份）。

（7）调查报告（共　　份）。

（8）其他（共　　份）。

3. 评价性资料

（1）中期评价表（共　　份）。

（2）活动评价表（共　　份）。

（3）活动心得（共　　份）。

（4）其他（共　　份）。

四年级

附6

教师活动随笔两则：

生成成长

——综合实践活动的魅力

在确定了目标和方案后，我们的活动就能按部就班地顺利开展了吗？答案是否定的。在这里和大班级分享一个学生在选择小课题的过程中发生的一个小插曲。

我们课题的敲定是用投标的方式产生的。也就是，学生们根据自己的兴趣、爱好、特长、性格等选择一个研究内容，然后与志同道合的同学共同去争取一个活动小项目。此时，通常会出现两种局面：一种是"求兵马"，就是综合能力强的同学自己去当"司令"，申领一个小课题后，通过招兵买马的方式去组团，然后成立研究小组；另一种则是"求加入"，就是综合能力较弱的同学申请加入一个研究课题，成为其中一分子。这时，你可能会想，那当然是优生占优势，他们肯定选了一个好课题，然后其他同学一窝蜂地去加入，而相对弱势的学生要么找不到团队，要么只能去人数少的团队。刚开始，我也是这样预想的。但是综合实践活动最有趣的地方就是在活动中有很多生成性的东西，往往不是我们能预见到的，也就是我们常说的"计划没有变化快"，而这正是这个活动的魅力所在。

接下来的活动就让我始料不及，大感意外。一个平常叱咤风云，甚有人缘的小班长申请了一个简单的小课题后，四处游说，却无人问津，让她一筹莫展，郁闷无比。而平日里沉默寡言、毫不起眼的小同学，因为能集中展示自己的一技之长（画画、手工或资料整理等）而跃居为一线抢手货，几个团队抢着要！这真是让我大跌眼镜。后来经过一番调整，每个学生都皆大欢喜地领到各自满意的小课题，并组成团队。

在这个过程中，以往以学习见长的学生感悟到成绩并不是万能的，学会欣赏、互帮互助更为重要。而学习稍落后的学生也能因自己的长处而得到同学的认可，懂得了自尊自强。

这就是活动的生成，它让学生成长起来，让我们的活动精彩起来，让我们都觉得综合实践活动魅力无穷！

他笑了

——综合实践活动对情感教育的渗透

小杰在旭景是个无人不知、无人不识的小名人。因为什么？就是他那暴脾气！只要稍有不顺心，他就像一个被激怒的小公牛一样，瞪着通红的双眼，抡起铁锤一样的拳头四处砸去，常常殃及池鱼，结果一个个同学避之不及，纷纷跑来哭诉。这样的戏码，总是隔三岔五上演一次，让人苦恼不已。无论是与之促膝长谈，正面诱导，还是联合班级校，上访投诉，他总是好好表现三两天，就又故态复萌了！

后来我发现，追根溯源，这和他的班级教育有密切关系。那阵子，家里他爸爸妈妈正在闹离婚，而班级里不是三天一大吵就是两天一砸锅，虽说学生还小，但是他也是有样学样，脾气暴躁。即使知道原因所在，我也是无能为力，毕竟"班班有本难念的经"呀。

无巧不成书，我们这段时间开展了"我们的班级我们做主"综合实践活动。小杰通过了解自己班级的特色，感受到父母对他的关爱；通过参观别人的班级，感受到班级的温馨；通过和妈妈一起动手制作美化教室的手工艺品，拉近了和父母的距离……这个学生正在悄悄地发生改变——他脸上的怒气少了，拳头松开了，笑容多了起来。他也通过写体验活动心得，用笔流落出对自己班级的喜爱和对父母的感恩。我就把这份心得给他的父母看，也把他前前后后的变化告诉他的爸爸妈妈，想不到他们情不自禁地动容了！之后，听说夫妻俩心平气和地坐下来聊了很久，如今对孩子的教育也达成了共识。

看着小杰那张充满稚气的笑脸，我想无论这次综合实践活动开展得成功与否，我都不是很在乎，只要我能越来越多地看到他的笑容，那就值了！于是让学生写活动体会的同时，我写下了这则活动随笔——《他笑了》。

学生活动随笔两则：

我们的班级我们做主

四年级（1）班 蔡桐

我们班要开展"我们的班级我们做主"综合实践活动，我很喜欢这样的活动！

我们的班级我们做主，因为我有一个幸福温暖的班级。老师和同学对我亲切友爱，让我深深地感受到了班级的温暖。我们的班级我们做主，因为我有一个和睦快乐的班级。我们的班级总是充满祥和的气氛，我们班级的四十六人总是和睦相处。

通过这次活动我发现我最喜爱的就是我的学习区。那里有一张书桌和一把椅子。我每天上学就在书桌上写作业，有时候累了，就坐在阅读角放松一下，让工作多时的大脑放松下来，有空的时候就翻翻书柜里的书。班级里的每一物都陪伴着我的喜、怒、哀、乐。另一个我熟悉的地方就是班级的小花园。花园里有翠绿的小草、争奇斗艳的鲜花。我还时常在花园里玩耍。

我们的班级我们做主，我爱班级里的每一个成员，更爱班级的每一个故事。我爱我的班级，我的班级虽然不大也不华丽，但那里有我美好的回忆。

我的班级

四年级（1）班 谢思

对我来说，我的班级是"世界名胜建筑"。它是什么样的呢？让我来给你们介绍一下吧！

首先，是我们班的门口。这里有两盆小花公主傲然挺立，中间屹立着一位九里香王子。接着，就是我班之最大的名筑——讲台！多功能数字讲台，让我们的学习高大上起来！

有名筑，自然少不了一个清爽的"花园"呀。班级的右面就是花园，那里有许多花花草草，令人赏心悦目，有茉莉花、杜鹃花、牡丹花……

"世界名胜建筑"里也得有嬉戏的地方吧？文娱乐园就在班级的左边。被书喂得饱饱的书柜，葱郁的金钱树，同学们制作的可以玩的小装饰品……都能让我满脸笑容。

完美的班级，温暖又舒服。你也许会问，同学们都这么优秀，在哪里可以大展身手？那当然是在展示栏啦！书法、绘画、习作，全都在展示栏爷爷的肚子里。展示栏上还有我们班级的全家福呢！

哈！我们班级"世界名筑"之旅结束了，你喜欢我们班级吗？

我到同学班级做客

四年级（1）班　刘骏

我们班开展了"互相串串门"的综合实践活动，就是可以到同学班级去参观串门，看看别人班级的布置和装饰。这个活动实在太有意思了，我们班的同学都非常期待。

今天我们组的同学接到了四年级（2）班同学的邀请，我心里有按捺不住的喜悦，但也有不安、疑惑。他们班级到底什么样？

踏进了（2）班如同进了物品收藏博物馆。墙上挂着一幅用鸟类的羽毛拼贴成的羽毛画，有孔雀毛、老鹰毛、鸽子毛、鹦鹉毛、麻雀毛……各种各样的羽毛可漂亮了！他们班级的墙边有一幅超大的立体的彩泥沙画，画上是一位维吾尔族的老汉坐在家门口休息。那位老人好像真的活了，我看着看着都入迷了。他的装扮太有特色了，使我浮想联翩。我正看得入迷的时候，周芝彤一下子把我从想象中拽了出来，说道："要做参观卡啦。"是啊，我怎么把正事忘了呢？我和她拿出了参观卡仔细记录起来。我一边记录一边想，回去后我也要想办法把我们班布置得更加舒适、温馨！

温暖的班级是一杯热茶，是快乐的天使，是温暖的被子。温暖的班级也是我们最向往最眷念的地方，我很爱我的班级。希望我们每个同学都有一个安全、舒适、美丽又有特色的班级！

附8

家长活动随笔：

班级的力量

——参加四（1）班"我们的班级我们做主"综合实践活动随笔

乔欣妈妈

听孩子说班上要开展"我们的班级我们做主"综合实践活动。活动内容包括介绍我的班级、感恩同学、调查访问、DIY设计等。我一听就对这个活动很感兴趣。接下来的四个月时间里，我和孩子都忙碌了起来。

在中期汇报展示课上，我还抽空去观摩了一下。那天的活动十分精彩。活动首先由小朋友介绍自己的班级。上台介绍的小朋友用稚嫩而又充满感情的话语讲述了自己幸福的班级和温暖的感受。而后，又有几个小朋友讲述了自己受到父母关心、关爱的小故事，让在座的每个小朋友都很羡慕。在展示汇报过程中，小朋友们都使出了浑身解数，个个争先恐后，争取为完善自己的作品而努力。在家长发言时，每一位家长都很自豪、骄傲地介绍自己的孩子，言语中透露出深情期望、热切鼓励，小朋友们也很受鼓舞。活动的高潮是钟老师播放的歌曲《让爱住我班》，孩子们在活动音乐响起时就拿出自己的作品和家长、同伴、老师们交流。这个环节把整个活动推向了高潮。

这次活动激发了小朋友们的爱心，培养了小朋友们的团队精神和协作意识，使小朋友们不仅懂得了爱自己还要爱别人，不仅爱班级还要爱学校，也使小朋友们知道了团结力量大、互助好处多。参加完这次活动，作为家长的我也是受益匪浅。我知道了孩子在想什么、需要什么，见识了学校的教育模式，知道了老师的教学方法。这个活动为家长、老师齐教共管提供了很好的沟通渠道。

这次活动让家长们明白了，每一个班级都拥有爱的力量，这力量能为小朋友们支撑一片蓝天！祝每一个小朋友幸福成长！

科任老师反馈：

教室虽然是学生最熟悉的地方，但对于教室设计存在哪些问题，有的学生可能没有留意，有的学生可能熟视无睹了。学生获得一定的设计知识和经验后，他们会从设计的角度去发现教室存在的问题，并提出一些合理的建议。

——数学老师史老师

教室是我们同学共同的家。每天我们都生活在这里，与小伙伴一起学习、一起游戏。你们当小小设计师，会把教室变得更漂亮，更整洁。

——美术老师余老师

四年级

羊城非遗寻访

——四年级自主教育班级主题活动案例

广州市天河区龙口西小学　邹丹

【活动背景】

粤剧，又称"广府大戏"，发源于佛山，是以粤方言演唱的广东地方传统戏曲剧种，主要流行于广东全省、广西南部、港澳地区等使用粤方言地区。粤剧的源流可追溯到明嘉靖年间，它是受到弋阳腔、昆腔、汉剧、徽剧、秦腔等多个剧种的影响而发展起来的，其取各家之长，自成风格，既与传统的戏曲文化一脉相承，又具有浓郁的岭南文化特色。

广州是粤剧艺术兴盛之地，本次活动定位在探寻粤剧，目的是让学生通过粤剧文化，了解广州，了解它的历史以及人文风貌，从而油然而生一种热爱家乡、热爱家乡文化的情感，并为家乡感到骄傲、自豪。

对于四年级的学生，又是来自五湖四海的孩子，他们其实对于粤文化并不是十分感兴趣，更不用说粤剧艺术。此次非遗项目的探究就成了促使学生关注身边的非遗，并在自主活动中达成文化传承目标的重要途径。

通过探寻粤剧，更是延伸至了解"一带一路"的相关知识，提升学生实践探究、团队合作以及创造性再加工等能力，符合关键能力的培养目标。在探寻过程中，导师也会组织丰富多样的活动，引领学生发现与探索，培养全面发展的"非遗小达人"。

【活动目标】

1.借助资料，充分感受羊城非遗的魅力。

2.借助自主合作探究并实地实践，探究与认识到羊城非遗的人文内涵。

3.借助系列非遗主题探究，培养学生团结协作、自主策划的能力。

4.借助家长资源，拓展学生参观实践的广度与深度，融洽亲子关系，促进家校关系。

【活动主题】

羊城非遗寻访

【活动时间和地点】

2019年5月至暑假，广州市内所有与粤剧艺术相关的场所。

【活动对象】

广州市天河区龙口西小学四年（8）班全体同学。

【活动组织和分工】

前期工作：家委代表及志愿者与学生组成实践小组以及校外辅导员团队。

实践期间工作：指导学生制订实践活动方案，并鼓励小组内独立或合作完成实践活动，家长只做顾问。

后期工作：根据学生自主制订的方案、制作成果进行汇报，并张贴优秀作品，整理相应资料在全班公示以供再次学习。

【活动过程】

第一阶段：确认选题方向

"一带一路"倡议为古老的丝绸之路赋予了新的时代内涵，要想激发学生的研究欲望，并带动他们积极参与实践探究活动，就要从身边出发，让他们做力所能及的研究。

广州作为海上丝路的起点，又是一座千年历史古城，在非遗文化上，也有属于自己璀璨的瑰宝。而延续上学年本班在品德课上对广州的探寻，我们锁定研究对象为粤剧文化。

四年级

第二阶段：形成研究方案

小学中高年级学生的能力较中年级学生更强，加上本班学生在品德综合课上学到的一系列技能，个别能力强的学生已经具备制订方案的能力。而本班一直以来都有悦读沙龙作为口语表达训练和阅读积累的平台与后盾，培养学生的信息筛选能力。

基于此，在深入探寻之旅开展之前，除了对"一带一路"进行相关知识的补充传达之外，班主任将会通过选择选题的方式，让学生自己从预设好的选题中，选择研究方向与任务，并自由组合搜集资料，形成实践活动方案，锁定研究点，开展行动。

在实地实践过程中，所制订的方案要有明确的目标，而且要有所收获，并形成展示成果。学生展示成果的方式可以多元化，例如视频、微电影、PPT、手抄报、小绘本手账、拓印、舞台剧等。

以上第一、二阶段需要2—3课时。

第三阶段：踏上探寻之旅

确定方案并分工结束后，要求学生聘请家长志愿者，作为带领他们实地考察参观访问的助理后勤。人员就位后，实地实践活动正式开始。

第三阶段需要用一个月的时间，每周末家长义工带领探寻小组寻访粤剧非遗文化点，并在学生需要之时，提供相应的帮助。

粤剧艺术探寻地点推荐：

（1）广东省粤剧艺术博物。

（2）恩宁路粤剧名伶故居多处。

（3）华侨新城红线女。

（4）珠江新城红线女艺术中心。

（5）上映粤剧的剧场。

（6）珠江新城粤剧院。

（7）图书馆。

粤剧艺术探寻成果汇报形式：

（1）手抄报、海报等设计。

（2）手账作品集。

（3）微电影——录制探寻过程的花絮。

（4）手工制作：画出粤剧脸谱或者设计粤剧服装。

（5）活动后感受文章、读书交流会。

（6）创编粤剧小故事。

（7）情景剧：演绎一个小粤剧。

（8）绘画——书签设计、绘画写生等。

备注：学习小组有7组，故需聘请家长志愿者7—14名。

如果活动地点附近有其他非遗项目的参观点，家长也可以临时做出调整与指导，带领孩子参观实践。

第四阶段：成果分享展示

结合学校读书月以及班级读书会的成果汇报所需，提供学生实践探寻的展示平台，让每个小组有充分的展示分享的机会，并带动其他小组进行交流以及交换学习。

展示平台：品德综合课、板报、微信公众号、班级成果展示栏，以及体育节方阵、迎新年晚会等活动。

第五阶段：反思总结经验

经历了前四个阶段，学生要对自己的行动方案进行调整，并在活动后提交成果的同时，记录下宝贵的经验，为下次活动提供参考，力求深入探寻之后能够精益求精，从而更加深刻地认识到非遗文化是人民智慧的结晶，激发起民族自豪感，更加热爱家乡、热爱家乡的文化。这些总结也可以发表于微信公众号。

【家长感言】

研学活动家长感想

龙口西小学四年级（8）班　马乐橦妈妈

今年暑假孩子终于有机会参加由邹老师带研的研学活动，当孩子知道这个消息后让我赶紧报名，生怕晚了就没名额了（毕竟邹老师一个人带领，为了保证安全和研学时对孩子的关注和指导，人数要求10名左右）。就这样孩子很荣幸和班上几个同学组成研学小组跟着邹老师度过了一个非常有意义的研学假期。

一、家校合力，事半功倍

我家的教育观念比较注重孩子玩中学、体验式学习，正好遇上班主任邹老师能亲身躬行带领研学小组，作为家长真是满心欢喜与期待。我们家长能做的就是全力支持，帮孩子准备外出研学所需物品，以及活动前配合老师做好外出安全教育，活动后帮助孩子做好研学资料的收集、打印等。家校密切配合使研学活动得以顺利进行，充实丰盈。

二、实践出真知，促进孩子综合素养提升

纸上得来终觉浅，绝知此事要躬行。在邹老师的带领和指导下，孩子一步一步进行深入实地的参观学习，通过历时多天多处的研学学习，经过与同学分组、分工、设计出行路线、合作收集研学资料、撰写研学报告、绘制研学板报、写总结研学心得等历练，综合能力大大提升，如动手能力、观察能力、总结归纳能力、随机应变的能力等，社会阅历也得以丰富。研学活动是知其然而深入知其所以然的学习过程，能促进孩子校内知识的拓展和延伸，是孩子校内学习的重要辅助手段。不但孩子喜欢，还能促进综合素养的提升，真是一举多得。

三、学习增趣，延续学习动力和毅力

在这次暑期研学之旅中孩子参观学习的地方很多，有博物馆、美术馆、书店、古港、文物古迹遗址等，每一处孩子都非常喜欢。每到一处参观学习后，孩子都滔滔不绝地与我分享研学的经历、趣事。例如：去书店收集学习书单之后，孩子就明确地列出了小学阶段自己要阅读的书目；参与手账夏令营研学之后，孩子就迷上手账，天天写画乐此不疲；参观了黄埔古港和粤剧博物馆之后，孩子对粤剧人物及粤剧文化有了更深入的了解……通过短短几天的研学活动，孩子的学习劲头和学习毅力也日渐增加，这些都与在研学小组与同学们共同研学以及邹老师的悉心指导分不开。在此，感谢研学小组同学们的陪伴学习，特别要感谢班主任邹老师不惜牺牲自己的休息时间一心扑在研学活动上。

在重视学生素质教育的今天，校外实践研学活动被视为学校培养德智

体美劳全面发展的跨世纪优秀人才的重要途径，是学校教育向课堂外的一种延伸，也是推进素质教育最重要的手段。本次研学之旅虽然暂告一段落，但是这正是孩子人生学习的起航。孩子的人生学习之路还很长远，只要孩子保持浓厚的学习兴趣和认真的研学态度，肯定会为求学之路添砖加瓦。作为家长，我们更期待学校以后能组织一次又一次的研学之旅，家校合力，为孩子的人生道路点灯铺路。

【活动反思】

一直以来，我都致力于让学生通过各种实践活动锻炼自身能力——自主能力、组织能力、协作能力以及写作能力。

恰逢学校这两年以"非遗"为主题开展了多项活动，那么如何通过与非遗的活动相结合，开展实践活动，就成了我的思考点。正如方案背景中所提及的，为了让活动不走过场，而是扎扎实实地开展，我锁定了粤剧艺术文化。既能够激发学生的民族自豪感，又是去他们具体可感的场所，实践起来方便、可行。

然而，学生从小依赖惯了，即使老师做好方案、布置任务，让他们执行，前两次活动的效果也不理想。

经过深刻反思，总结了前两次活动不成功的教训以后，学生总算大概了解了老师想要他们锻炼的方向。第三次学生制订的研究方案出来后，我是欣慰的。从活动的目标、时间、地点、出行、路线、探索内容以及展示成果的形式，都是清晰且容易操作的。

到了真正实地实践的时候，学生就更有的放矢地做着各种记录，不会像前两次实践活动那样，每次都要询问每一个项目应该记录什么、可以提出什么问题等。

经过几个月的时间，从制订本方案之初还要老师带着一步步完成，到后来暑假里在家长的协助下，学生顺利地开展了形式丰富的实地实践活动，追寻着粤剧艺术的发展轨迹，也留下了他们成长的足迹。通过开展一系列实践探究活动，学生的自主能力得到大幅度提升。假以时日，升入高年级，能力更上一个台阶之后，他们必定会带给我更大的惊喜。

四年级

垃圾分一分，校园美十分

——四年级"环境教育"班级主题活动

广州市天河区中海康城小学　黎小亦

【活动背景】

城市垃圾，已成为制约城市社会经济发展的主要因素之一。我们美丽的校园也存在大量的生活垃圾：教室里有捡不尽的纸屑，楼层中有拾不完的食物残渣，后花园有禁不住的零食包装和纸飞机，操场边的草丛里有着数不清的纸碎屑……虽然楼道和教室里有分类垃圾桶，但因为学生没有认识到垃圾分类的必要性和迫切性，总有人随意丢弃垃圾。对此，根据《广州市中小学劳动教育指导纲要》中的劳动教育要求学生采取以实践为主导的学习方式，我设计了让学生"亲历实践、亲手操作、手脑并用"的垃圾分类主题活动，引导学生了解垃圾的危害，认识到垃圾分类的重要性，并养成垃圾分类的好习惯，从我做起，从现在做起，成为环保小达人。

【活动目标】

1. 明白垃圾分类的重要性，增强环保意识，保护学校以及我们身边的环境。

2. 鼓励学生争做"减少垃圾，变废为宝"的先锋，树立正确的劳动观念。

3. 教育学生自觉养成垃圾分类的好习惯，并参与建设"美丽家园"，增强服务他人、服务社会的意识。

【活动主题】

垃圾分一分，校园美十分

【活动对象】

小学四年级学生。

【活动准备】

活动前期工作：家校沟通，得到家长的支持，家长积极参与小品的创作。

活动后期工作：组织文娱委员排练小品，准备四种垃圾袋和可降解手套。

【活动过程】

一、小品导入，揭示垃圾分类

由小品表演激发学生对垃圾分类的兴趣：

学生表演小品《天庭也疯狂》（剧本见附件）。

师：同学们，从小品中我们知道了天庭的神仙们在进行一项特别意义的活动——垃圾分类。那么，谁能说说生活垃圾一般分为哪些种类呢？

生：可回收垃圾、厨余垃圾、有害垃圾、其他垃圾四类。

二、深入探讨，识别垃圾种类

（一）认识垃圾分类的重要性

师：那我们人间为什么也要进行垃圾分类？真的有必要吗？

生回答。

教师分享《经济日报》中的一篇文章《我们为什么一定要进行垃圾分类？》，引导学生明白垃圾分类就是在保护地球、拯救人类，垃圾分类的这场战争已经迫在眉睫。

（二）教师介绍垃圾分类

教师介绍：垃圾主要分为可回收垃圾、厨余垃圾、有害垃圾、其他垃

四年级

圾四类，分别用蓝色、绿色、红色、黄色来表示。垃圾分类有以下优点：减少占地、减少环境污染、变废为宝。接着，教师详细介绍了哪些是可回收垃圾、哪些是厨余垃圾、哪些是有害垃圾、哪些是其余垃圾。

三、捡拾垃圾，践行垃圾分类

1. 四人一组，共分为十组，每组选出一名组长，分给每组四个不同种类的垃圾袋。

2. 各小组分散并按照规定线路捡垃圾。

3. 30分钟后全班到教室集合，各组清点成员和检查垃圾。

4. 洗好手，回教室。

四、反思总结，共筑绿色未来

（一）学生分享环节

学生上台分享自己的收获、未来如何在生活中践行垃圾分类、关于垃圾分类的一些好点子……

（二）教师引导总结

垃圾分类，人人有责，我们可以做什么？

1. 循环使用，减少垃圾。

2. 以旧换新，变废为宝。

3. 精准细分，回收利用。

……

（三）号召学生参与垃圾分类的宣传活动

号召学生做垃圾分类的宣传志愿者，开展"变废为宝"小行动，设计垃圾分类宣传标语，写垃圾分类的倡议书，也可以写下活动感言，让更多的人参与到垃圾分类中。

【活动效果】

此次"垃圾分一分，校园美十分"主题活动的开展，增强了学生的环保和劳动意识，学生表示在今后的生活中，从自己做起，从现在做起，对垃圾进行分类，并告诉家人、朋友垃圾分类的重要性，真正做到垃圾分类从我做起。

【活动反思】

本次活动先是激发学生对垃圾分类的兴趣，再改变学生对垃圾分类的认知，让学生认识到垃圾分类的重要性和迫切性；然后老师带着学生一起去校园里捡垃圾、细分类；最后回班级总结和展望。这种"亲历实践、亲手操作、手脑并用"的垃圾分类主题活动，让全体师生获益良多。在一次次弯腰中，在一包包垃圾中，在一次次无奈的摇头中，学生深刻认识到平时看似整洁美丽的校园里竟然暗藏着这么多各种各样的垃圾，进而意识到垃圾分类迫在眉睫！

活动后，学生撰写了垃圾分类的倡议书，制作了精美的环保标语牌，写下了洋洋洒洒的活动感言。班里最怕脏、平时"十指不沾阳春水"的学生居然说下次如果还有捡垃圾的活动，她还愿意参加，让我感慨万千。还有心灵手巧的学生把废纸变成一个个有意思、有价值的工艺品，让我惊叹不已。这让我想起习近平总书记的话："变废为宝、循环利用是朝阳产业。垃圾是放错位置的资源，把垃圾资源化，化腐朽为神奇，既是科学，也是艺术"。虽然这个活动又脏又累，但是学生的环保意识增强了，一切都很值！

 附

《天庭也疯狂》剧本

（表演前摆放好相关道具）

旁白：天庭将在一个月后举办新一届"蟠桃会"，但每次蟠桃会后的狼藉场面让玉皇大帝甚是头疼。听说凡间的垃圾分类开展得如火如荼，玉皇大帝很羡慕，特命二郎神、嫦娥去凡间暗访。二郎神、嫦娥回到天庭复命后，玉皇大帝命二郎神、嫦娥培训四大美女（西施、王昭君、貂蝉、杨玉环）作为蟠桃会的垃圾分类指引大使。下面是培训现场……

二郎神：大家好，我就是人见人爱、车见车载的三眼天神——二郎神。

嫦娥：大家好，我是嫦娥，嫦娥的嫦，嫦娥的娥。

二郎神：受玉皇大帝的指示，为蟠桃会培训"垃圾分类指引大使"。经过一天一夜的培训，四位大使已熟练掌握垃圾分类的知识，现在只剩考核了。

嫦娥：是的，我们的四位大使都是万里挑一的美人，被称为凡间的四大古典美人。下面有请我们的四位美人。

二郎神：这位是粉面桃花，相貌过人，美得让鱼儿忘记游水而沉到水底的西施。

西施：大家好，我是爱干净的西施，我特别怕出汗，每天都要去河边洗3次衣服。

嫦娥：接下来这位是气质高雅，精通琵琶，美得能让沙漠里的大雁忘记飞翔的王昭君。

王昭君：大家好，我是昭君，我特别爱惜我的琵琶，每天要洗3次琵琶。

二郎神：第三位是国色天香，倾国倾城，美得让月亮都害羞地躲到乌云后面的貂蝉。

貂蝉：大家好，我是貂蝉，我特别喜欢赏月，每月至少要赏月3次。

嫦娥：最后一位是通晓音律，能歌善舞，美得让花儿都自惭形秽的杨玉环。

杨玉环：大家好，我是爱赏花的玉环，我呀，每天都忍不住赏花3次。

二郎神：欢迎四位爱干净的美女的到来。下面将进入实测环节。在你们的前面有一堆去年在"蟠桃会"现场捡到的"圾圾"。每人有两次机会，如果能将"垃圾"都投放到对应的垃圾桶，你们将会获得今年蟠桃会"垃圾分类大使"的资格。

嫦娥：下面请各位就位，第一位出场的是我们的西施姐姐。

西施：讨厌，不是姐姐，人家都比你小啦。

（从垃圾堆中拾起一对小铁圈，惊讶状）

咦，这不是小哪吒的风火轮吗？怎么没火了？（思索状）嗯……这应该是"可回收垃圾"。（放入"可回收物"垃圾箱）

王昭君：（从垃圾堆中捡起一颗核桃，抿嘴欲笑状）

咦，这应该是孙悟空那猴头吃完桃子扔下的桃核，嗯……这应该是"厨余垃圾"。（放入"厨余垃圾"垃圾箱）

貂蝉：（从垃圾堆中小心地拾起一个"瓶子"）这不是观音菩萨的"玉

净瓶"吗？这应该放在哪里呢？（挠头状）对了，这里面装的都是杀妖水，属于"有害垃圾"吧。（放入"有害垃圾"垃圾箱）

杨玉环：（从垃圾堆中捡起一方手帕）（抿嘴笑着上场）呀，这不是王母娘娘一直在找的小手帕吗？天呀，竟然丢在这里啦！那应该放在哪儿呢？（思索状）放"其他垃圾"吧。（放入"其他垃圾"垃圾箱）。

嫦娥：在第一轮的"垃圾分类"中大家都表现得很不错哟！下面马上进行第二轮。

西施：（在垃圾堆中嫌弃地拾起一块骨头）啊，我的妈呀，这不是哮天犬啃过的骨头吗？好臭（捂鼻状），这应该放"厨余垃圾"。（说完快速丢入"厨余垃圾"垃圾箱）

王昭君：（从垃圾堆中捡起一个烟头）（看着烟头，若有所思），整个天庭，只有托塔李天王抽烟，这个烟头应放在哪儿呢？就放"其他垃圾"吧。（放入"其他垃圾"垃圾箱）

貂蝉：（从垃圾堆中拎起一个药瓶）这不是太上老君的仙丹吗？（惊叹！本想收入囊中，却发现已过期）天呀，竟然过期啦！暴殄天物呀！（放入了"有害垃圾"垃圾箱）

杨玉环：（在垃圾堆前，眼光瞥到九齿耙，露出惊喜状，用手指着九齿耙说道）这天蓬元帅找了一年的九齿耙原来在这里。（探手欲用力提起九齿耙，却不小心砸到脚）哎哟！这玩意这么重，应该值点银两。放"可回收垃圾"肯定错不了。（说着放入了"可回收物"垃圾箱）

二郎神：经过两轮的实测，四大美女全部无误地把"垃圾"放在相应的垃圾箱里，全部当选为今年蟠桃会的"垃圾分类大使"。恭喜四位美女！

嫦娥：本次培训会到此结束，请各位大使一起喊出我们"蟠桃会"的垃圾分类口号，好吗？

众：垃圾分类习惯在，循环利用巧安排。

闭月羞花拓绿带，沉鱼落雁好神采。

天上凡间阔不摆，人仙共筑青山在。

（集体鞠躬，退场）

那么好的我们

广州市天河区旭景小学　钟雪华

【活动背景】

"三人行必有我师焉",学会欣赏他人,能让自己不断提高,不断进步。"天生我材必有用",学会欣赏自己,能不断提升自己的信心,让自己与更美好的自己相遇。

四年级的学生,对自我认识比较模糊,对同伴的评价不全面。而家长口中常常提到的"别人家的孩子",似乎无所不在,无所不能,这对于学生来说也是无形的压力。

希望通过这个主题教育活动,同学们能认识到每个人都需要被人欣赏和赞美,初步学会如何欣赏和赞美别人及学习别人的优点;同时,要学会欣赏自己,悦纳自己,增强自信,进一步增进同学之间的了解和友谊。

【活动目标】

1.学会赞美、欣赏他人,学习别人的优点。

2.通过感受被同伴欣赏的快乐,培养和增强学生的自信心。

3.通过加强了解,增强班级凝聚力,形成积极向上的班级风貌。

【活动主题】

那么好的我们

【活动过程】

一、创设情境，了解欣赏

（一）故事引入，切入主题

教师以丰子恺的《手指》引入，告诉学生"五根手指有长短，荷花出水有高低"的道理，引出学会自我欣赏与欣赏他人这一活动主题。

（二）反馈班情，反思问题

结合班级情况，谈谈存在的主要问题：

1. 部分同学比较内敛含蓄，不爱主动展现自己。

2. 同学之间没有互相欣赏，容易产生摩擦。

3. 班级整体力争向上的氛围不浓郁。

（三）集思广益，改善情况

学生交流问题关键点：我们要学会欣赏自己和他人，了解和学习他人的优点，善于鼓励自己和他人。

教师揭示主题：每个人身上都有闪光点，值得别人学习。自信与欣赏，都源于你的用心发现。只要用心感受和发现，就能发现原来我们都是那么好的。今天我们就以"那么好的我们"为主题举办一次班会。

二、结合实例，学会欣赏

（一）那么好的我，自我欣赏

播放歌曲《我真的很不错》，让学生写出自己的三到五个优点并在小组内以"我真的很不错"为主题进行简单交流。

（二）那么好的你，欣赏他人

以"抢凳子"游戏的方式开展"优点大轰炸"体验活动。让同学们通过游戏找出同学的优点，并夸赞对方"你真的很好！特别是在……"，以此增进了解和友谊。

（三）那么好的我们，共同进步

根据自我欣赏和同学的称赞，完成表格。根据表格梳理出班级同学共同的优点，形成班级的核心竞争力，制订新的班级目标，打造"那么好的我们——四年（3）班"。

三、发现美好，实践欣赏

找出生活中自己身边人的优点，并当面夸赞他。坚持每天都能找到自己或者他人的优点，坚持每天都对自己和别人说"我/你真的很好"，培养欣赏自我和他人的能力。

四、总结延伸，升华欣赏

（一）诵读诗歌，内化欣赏

配乐诵读《学会欣赏》，感受欣赏的力量。

（二）即时小结，强化欣赏

师生共同总结活动心得，强化活动感受和体验。

（三）延时评价，延续欣赏

以一个月的时间为周期整理点赞表，并邀请家长参与反馈，选出"欣赏之星"，再把活动内容整理成班级宣传专栏"那么好的我们"。

【活动效果】

一、学生感想

（一）感悟心得

文玥：通过这次主题活动，我对自己充满信心。我们要相信自己，学会欣赏自己的优点，明白欣赏的力量是巨大的，它甚至可以改变一个人的人生。从同学们的称赞中，我也知道了，原来我真的很不错！I like me!

陈芸冰：钟老师告诉我们，"尺有所短，寸有所长"，只有共同学习、彼此欣赏，我们才能变得更加优秀。在"优点大轰炸"活动中，在"我眼中的你最好"致谢活动中，在"遇见更好的我——写给未来的我"畅想留言中，我了解了同学们的优点，也体会到被赞美的快乐，原来学会欣赏别人，不仅会给别人带来快乐，也体现出自己有一个广阔的胸襟，同学之间还可以建立更加深厚的友谊！

李煜哲：我以前觉得我的同桌是个小调皮、小捣蛋，我不喜欢和他玩，但通过这次活动，我发现他有很多优点。我真是有眼不识泰山。我希望他也多了解我、喜欢我，我们一起努力、加油。

（二）网络留言

明翰妈妈在班级群里的留言：这段时间，我明显感觉到明翰自信了很多。他在家里也会和我交流他同桌的优点以及被同学夸赞的一个优点。他会主动向同桌学习，也会提醒自己不断进步。这样的活动真好，让我也更了解他了。

智悦同学在班级群里的留言：我知道雯雯是个可爱的学霸，但不知道她那么会做菜，那么会折衣服。她真棒！我也要和我的小闺蜜一起好好学习。周末，妈妈答应让我去雯雯家学做菜。我相信有了雯雯的帮助，我也会成为劳动小能手的。

（三）周记精选

优点大轰炸

四年级（3）班　邓阅翰

"哈哈哈，你输了！"一个小伙伴高兴得跳了起来。

"哇哇哇，原来她这么厉害！"一个小伙伴由衷地赞叹道。

这是我们玩"优点大轰炸"游戏时的情景。深秋时节的一个早晨，我们班玩了一个别开生面的游戏——优点大轰炸。

随着老师的一声令下，游戏开始了，同学们都握紧拳头，想赢得冠军。老师突然喊了口号："优点大轰炸，抢！"同学们尖叫着，疯狂地开始抢凳子。我也急忙地抢到一张凳子，坐了下来，长舒了一口气，还好，有惊无险！这时，小墨没有坐到凳子，着急地四处找凳子，她和小昂同时看到了一张凳子，他们如同猛虎出山一般一起扑向了凳子，"咚"的一声，小墨坐上了凳子。小昂皱着眉头想了想，便开始夸了："我觉得小墨唱歌唱得很好……"我发现，小墨的脸上浮现出自信与害羞的表情，我知道，她还是高兴的。这时候，小昂还在说着小墨的优点，哇，我掰着指头一数，有八个优点了。我对小墨真是刮目相看了。

经过几轮的比拼后，我的好朋友小马没有坐到凳子，她说道："我觉得小李主持节目很好，作文也写得不错……"听到这里，我心花怒放，原来，我有这么多自己都没有发现的优点，看来是当局者迷、旁观者清啊。但是我也不能太骄傲，低头笑了笑。

"丁零——"不知不觉地，游戏接近了尾声，经过多轮的比拼，我终于撑到了最后。下课了，可我们意犹未尽，还沉浸在有趣的游戏中。这个游戏让我知道了很多同学的优点，也更加了解同学们了。我要向身边的同学学习，多取他人之长，补己之短！

二、家长感想

（一）体会感悟

黄浩爸爸：浩浩每天都会发现我的一个优点并夸奖。在他的夸奖下，我也会有意识地鼓励他发现自己的优点。现在我们的亲子关系更和谐了。

李睿妈妈：为四（3）班的活动点赞，能想出"优点大轰炸"这样的好办法！通过活动，孩子既了解了别人，也了解了自己，而且孩子们有机会认识他人和反思自己。希望孩子们在认识自己的基础上提高自己，也希望孩子们能体会到老师的用心和付出！

李晨轩外婆：这段时间，轩轩总是跟我说，班上的同学又找出他的优点了。他偷偷告诉我，其实他也没这么多优点，但是会努力变得更好。现在他更爱笑了，不像以前总是低头不说话，连练字都明显自觉了，也能体谅我，帮我做家务。我想这就是钟老师常说的"孩子要能抬头走路"。现在来我们家串门的同学也多了，我看这些小娃娃都更懂事了。

（二）网络留言

思远爸爸在微信群里的留言：最近天天都听思远说他又找到同学的优点了。他现在那么会观察身边的同学，那么会欣赏别人，让我感到很欣慰。以前他可是个小心眼呀。我感觉班级组织的这个活动，对我的孩子来说太有用了。我以前也让他多向同学学习，但是总被他嫌弃，现在他能自己主动发现别人的优点了，也在学习别人的长处。他让我省心多了。在家里，他还让我和他妈妈一起互相找找闪光点，我们家在互相"戴高帽"中，关系也融洽多了。的确，不仅孩子在改变，连我们家长也在改变。

【活动反思】

一、活动小结

没有开展这次活动以前，每个课间都有学生跑过来向我告状。在我眼中都是一些芝麻绿豆的小事，但是在孩子们心中那就是天大的事，他们常常因此闹矛盾、起争执。我也试过很多动之以情、晓之以理的方法，但是很快又有新一轮的小纠纷、小矛盾反馈到我这里。慢慢地，班级的氛围也变得有点压抑了。

我认真地思考过这个问题，我感觉症结在于孩子们没有认识到别人的优点，反而把别人的一些小缺点放大了，就像是一张白纸上有一两个小墨点，如果只留意到小墨点，那么这张白纸就慢慢都变黑了。孩子们也是一样的。人无完人，每个人都会有小毛病、小缺点。如果彼此都只关注缺点，不会欣赏对方的优点，那么各种小摩擦就会不断发生，甚至演变为严重问题。每个人都有优缺点，但肯定是优点比缺点多。我们要善于发现别人的优点和自己的优点，做一个懂得欣赏别人和自己的人。

于是，我和学生一起组织策划这次的主题活动。我们通过游戏、采访、交流、点赞等环节开展此次主题活动，学生很感兴趣。在活动中，学生借助自己的体验和发现，正确地认识了自己的优缺点，积极主动地向他人学习。

活动开展一个多月以来，班级面貌有了明显的改变，同学之间的关系和谐多了，而我也越来越多地用欣赏的目光看待他们的成长，发现了每一个学生身上的闪光点。这样的教学相长，让我们班的氛围越来越融洽、和谐了！

二、教学叙事

在活动中我写下了一则小故事。

"我有优点吗？"

——教师话语的力量

有人说过："老师不经意的一句话，可能会创造一个奇迹。"也有人说过："教师的语言，像阳光能制造光明的见解……"对于这些话，我不是很

四年级

相信。教师的话语这么有力量吗？要是多鼓励几句就可以教育好一个孩子，那多省心啊！但前不久发生在一个孩子身上的变化，让我改变了想法。

大概是一个月前的一节班会课上，当我讲到"每个同学身上都有优点"时，一名学生竟然脱口而出："老师，我有优点吗？"我循声望去，哦，原来是小乐同学。他的眼神里充满期待，我马上说："你身上怎么会没有优点呢？你爱劳动，乐于助人，还诚实可信。"当时，不少学生马上举手反对，纷纷指责他言而无信。我发现他低下了头，于是为他据理力争：一次放学，我请他留下补作文，但突然有家长找我，他找了我好几次都没找着，于是写了张留言条，说第二天交作文本。果然第二天一早，他就来交本子了。可见，他是个讲诚信的孩子。学生被我的话打动了，没有再站起来反驳了。这时小乐的头更低了，似乎在反思。

下课回到办公室，我也在反思：小乐是一个学习成绩比较差的孩子，我知道他经常受到同学的嘲笑，甚至有的同学用他名字的谐音来取笑他。所以他有些自卑。由此想到：一个总是低着头、弯着腰走路的孩子，他的骨骼必然会变得弯曲。同样，一个自卑的孩子，他的心灵也必然会出现扭曲。怎样才能帮助他呢？思前想后，我觉得还是要用上教师语言的力量，给他点阳光，给他的心里补点"钙"。于是，课后，我找他谈了话，鼓励他扬长避短，发挥自身优势。当然，我还有一个小窍门，就是偷偷帮他补课，不是复习，而是预习——明天上课要提问的知识点总是偷偷地告诉他，让他能有自信地举手发言。而对他每次一点点的进步我也总是在家长群里、在校讯通上大力地表扬他、鼓励他。

慢慢地，我欣喜地发现小乐在课堂上能勇敢地举手发言了，在国旗下的会演也有了他活泼的身影，在课间也有了他灿烂的笑容。甚至有时候他也会和我开点小玩笑："钟老师，你好胖啊！"而我也会揶揄他："小家伙，你好矮呀！"在大食会上他和妈妈亲手做了巧克力蛋糕，他切了大大的一块捧到我面前，腼腆地说："钟老师，您尝尝！"我逗他："想让我变得更胖吗？"他诚挚地说："你胖，我也喜欢你啊！"这样无伤大雅的玩笑，慢慢拉近了我和他的关系。当然，我也不是一味地给他竖大拇指，看到他骄傲、偷懒、退步了，我也会严肃地批评他。但是不管是表扬还是批评，他对老师的话都能认真地听并按要求做。可见，他心里有了阳光，"钙"含量也越来越多。

孩子的心灵，是纯洁而美丽的，如水晶，也是脆弱而易碎的，如玻璃。作为教师，我们不但要用善于发现美的眼睛，欣赏他们水晶般的心灵，更要用积极的语言力量，保护他们玻璃一样易碎的自尊。

四年级

选代表喽

广州市天河区员村小学　郑晓军

【活动背景】

四年级的小学生对于"班集体""平等"等概念及内涵比较难以理解，需要通过具体的事例让他们真切地感受到乃至深刻体会。本活动以贴近学生的内容——民主平等的中队代表选举活动，让学生通过推荐、竞选中队代表，真切理解"班集体"和"平等"的内涵，从而践行"自主管理"。

【活动目标】

在班集体中践行自主管理，体会人人都有选举权与被选举权的平等权益。

【活动主题】

选代表喽

【活动时间和地点】

2018年3月9日于广州市天河区员村小学。

【活动对象】

广州市天河区员村小学四年级（7）班。

【活动组织和分工】

前期工作：与孩子一起以少代会代表选举的形式来体会平等。

准备工作：进行小队初选，推荐候选人代表。由小队长准备初选过程与结果的汇报。候选人代表准备选举演讲。队员提供资料，辅导员根据需要帮助队员做好PPT。辅导员帮助主持人理顺活动流程，形成活动主持稿。

【活动过程】

活动开始。主持人（A、B）上场。

一、了解少代会知识

略。

二、小组汇报初选代表情况

A：根据学校少代会的分配，我们班要选出4名少先队员代表去参加学校的少代会。

B：这段时间，我们各小组都热火朝天地进行了初选代表的活动。请看屏幕，这是各小组进行初选活动的情景。

（屏幕显示各小组初选情景）

接下来，让我们一起来听听各小组的精彩汇报。

（各小组分享初选情况）

三、票选代表

A：每个小组都能根据选举条件，采用公平公正的方式，选出代表候选人，我们将在这6位选手中，选出4位代表，出席学校少代会。

B：怎样进行选举呢？要注意些什么问题呢？请班长为我们做详细讲解。

班长：我们选举的方式是，6位候选人各自进行1分钟的竞选演说，然后进行公开投票选举。每个同学手上都有4张选票，投票时请把选票贴在你心目中的4位代表的竞选海报上，注意不能重复投票给同一位候选人。

A：下面有请6位候选人闪亮登场！

（候选人登场演讲）

A：同学们，请根据他们的演讲使用我们的选举权，选出你心目中的代表吧！

B：请同学们依次来投出你神圣的票吧。每个小伙伴都有4张选票，请贴在你心仪的代表的竞选海报上。

A：我们在初选会上还选出×××担任监票员、×××、×××、×××担任计票员。同意的同学请鼓掌通过！下面请计票员和监票员先投票！先有请各小队投票！

B：现在有请计票员进行计票，请监票员监票。

四、公布选举结果

A：现在有请班长宣布投票结果。

班长：获得票数最多的是×××，共×××票。……恭喜以上队员被选上少代会代表。

B：谢谢班长的宣布。

A：虽然有几个队员落选了，但是我们也很感谢他们，他们身上勇于进取的精神深深地感动了我们。可以说，没有他们，就不能成就今天的精彩。现在，我们请班长给他们送上一份小小的礼物，表达我们心中的敬意，好吗？

（班长给落选队员送上小礼物）

B：我们也请新一届少代会代表说说他们的获选感言，好吗？

（少代会代表发言）

B：祝贺选上的4位代表！

五、班主任总结

略。

【活动反思】

这节课通过活动和情景再现，让孩子们理解了少代会，深入地体会到少先队员的荣誉感和责任感，也深刻地体会到"人人都有选举权和被选举权"的平等权益。这节队会课终于圆满结束了，看着孩子们认真参与初选、竞选的情景，我的内心无比激动。我们祖国的未来，不正是需要这样一群有热情、有责任感的主人吗？今天在少先队组织当家作主，明天，他们就是建设祖国的中坚力量！一节队会课，让我和我的孩子们的心中都有一个深沉响亮的声音在回荡：为了祖国的未来，时刻准备着！

今天我当家

——五年级自立教育班级主题活动案例

广州市天河区员村小学　温春来

今天我当家

【活动背景】

习近平总书记在全国教育大会上号召，要在学生中弘扬劳动精神，教育引导学生崇尚劳动、尊重劳动，懂得劳动最光荣、劳动最崇高、劳动最伟大、劳动最美丽的道理，长大后能够辛勤劳动、诚实劳动、创造性劳动。2019年5月，广州市出台《广州市教育局关于加强中小学（幼儿园）劳动教育的指导意见》和《广州市劳动教育指导纲要》，国家和地方愈加重视劳动教育，也体现出家校劳动教育的重要性。虽然国家已经放开了二胎政策，但现在的孩子大多还是独生子女，家庭条件优越，他们在家中是爷爷奶奶、姥姥姥爷、爸爸妈妈的掌上明珠，过着衣来伸手、饭来张口的生活。他们不懂得节俭，常以自我为中心，不懂得关心他人、照顾他人，家务活更是不会做或不常做，再加上低年级孩子年龄小，父母更不让孩子参与。

五年级的学生，需要培养一定的独立意识，结合能参与精细劳动的能力，我们利用假期开展了"今天我当家，快乐成长"的劳动实践系列教育活动，引导学生通过学做菜、研究菜式、家人喜爱的菜、菜的营养价值、买菜和做菜等系列家务劳动，感受到父母的辛苦，培养独立能力，形成良好的劳动习惯。

【活动目标】

"今天我当家，快乐成长"劳动教育主题系列活动的宗旨是：劳动是为了成长，独立是为了分享与感恩。其中"今天我当家"的实践活动的目标如下：

1. 调查家庭成员喜欢吃的菜式，了解家庭成员的饮食喜好，增强家庭凝聚力和幸福感。通过查找每道菜的营养价值，对食物本身加深认识。

2. 了解做菜的基本工序，学会择菜、洗菜、切菜的方法，会使用常用炊具，并能根据不同菜的制作方法，灵活运用所学知识。

3. 通过查找菜谱，向父母请教、观察成品菜，自己探索菜的做法，学会做菜。

4. 通过制作一道菜体验劳动的快乐和成功的喜悦，知道做菜也是一门艺术，培养学生热爱劳动的意识，养成通过劳动获得幸福的劳动品质。

5. 培养学生讲究卫生和合理饮食的习惯，培养学生自主探究、创新的精神，提高自理能力，激发学生当家庭小主人的愿望。

【活动主题】

"今天我当家"劳动教育主题活动。

【活动时间和地点】

2019年7、8月，学校和家庭。

【活动对象】

广州市天河区员村小学五年（4）班（"致知班"）全体同学。

【活动过程】

这次活动将历时2个月左右，分为调查篇（序言）、学做篇（前期）、下厨篇（中期）、反思篇（后期）四个阶段。

一、调查篇（序言：6月26日—7月1日）

活动内容：通过访谈、调查问卷、观察等形式，了解家人喜欢什么样的菜，并记录下来。

选录：

Part 1：调查（家人爱吃的菜）

雨欣：

爸爸：辣椒炒肉、火锅。

妈妈：青菜、火锅、虾。

姐姐：牛肉、西兰花。

自己：红烧鸡翅、牛排。

弟弟：鱼、蒸水蛋、汤。

楚欣：

爷爷和爸爸：子姜炒鸭。

妈妈：清炒冬瓜。

自己：枸杞桂圆土鸡汤。

子柔：

爸爸：青菜、排骨、鱼。

妈妈：鱼、虾、鸡、青菜。

爷爷：青菜、猪肉蒸咸鱼。

自己：清炒胡萝卜丝、青菜、鸡翅。

梓毅：

爸爸：辣椒炒肉（假期爸爸不在家，可免做）。

妈妈：青菜、鱼、鸡。

哥哥：青菜、土豆丝炒肉、鸡肉、鱼、蛋。

自己：水蛋、土豆丝炒肉、鸡

浩源：

爸爸：印象中爸爸一直很少吃肉，吃的比较素，不过，对于能量大爆发的牛肉，他还是很喜欢的，所以决定炒个牛肉，再加个素炒瓜给爸爸吃。

妈妈：吃货妈妈喜欢的太多了，尤其是海鲜类的，很抱歉，现在是休渔期。不过，九层塔炒薄壳是她最近很喜欢的，就做这个菜了。

自己：最爱的肯定是可乐鸡翅，哈哈哈。

妹妹：小可爱现在得喝牛奶，等你长大了哥哥再煮给你吃。

雅庄：

爸爸：蒜蓉炒生菜。

妈妈：排骨莲藕汤。

自己：牛肉炒香菇。

小冉：

爸爸：海鱼、青菜、牛肉、面食。

妈妈：凉拌菜、面食。

弟弟：海鱼、海鲜、青菜。

凯杰：

爸爸：炒辣椒。

妈妈：不挑食，好吃就行。

自己：除了苦瓜，来者不拒。

美延：

爸爸：青菜、鸡肉、牛排。

妈妈：鱼、虾。

自己：五彩饭、南瓜、西红柿炒蛋、猪排。

五
年
级

爷爷：牛肉。

奶奶：南瓜。

弟弟：水蛋。

拓闻：

爸爸：辣椒炒肉、酸菜和鱼。

妈妈：南瓜、珍珠丸子、青菜和茄子。

哥哥：辣椒炒肉、土豆和绿豆汤。

自己：红黄绿什锦菜、土豆和火腿肠。

嘉昊：

爸爸：豉椒炒茄子。

妈妈：黄芪花胶猪心炖鸡汤。

自己：虫草花淮山蒸排骨。

二、学做篇（前期：7月1日—7月29日）

活动内容：在调查的基础上，学生在家长导师、家长义工、自己家长的指导下，完成各菜式的试做，并了解食物的营养价值，用以体会食物带来的益处。

选录：

Part 2：学做

雨欣：

第一道菜：红烧鸡翅。

食材：鸡翅、蒜、生抽、老抽、料酒、鸡精、油、盐。

步骤1：鸡翅洗净，加入蒜、少许生抽、料酒、鸡精、盐腌制一会儿。

步骤2：锅中放适量油，待油温升高放入鸡翅，用小火煎。

步骤3：将鸡翅煎至两面金黄。

步骤4：放适量老抽、水，翻炒均匀，盖上锅盖用中火煮，待汤汁收干就可以了。

营养价值：鸡中翅相对翅尖和翅根来说，胶原蛋白含量丰富，对于保持皮肤光泽、增强皮肤弹性均有好处。

心怡：

第一道菜： 清蒸排骨。

食材：排骨、生姜、大蒜、豆豉、葱花。

步骤1：先把切好的排骨洗干净。

步骤2：把姜、大蒜、豆豉、酱油、盐放到排骨碟里腌制一会儿。

步骤3：把排骨放到锅里蒸20分钟就差不多可以出锅，再撒点葱花。

营养价值：排骨除了含蛋白质、脂肪、维生素外，还含有大量钙、骨胶原等，可为幼儿和老人提供钙质。

第二道菜： 爆炒香辣虾。

食材：虾、香菜、紫苏、生姜、大蒜。

步骤1：先把虾洗干净、去头。

步骤2：用剪刀把虾背剪开，去除虾线。

步骤3：把香菜、紫苏、生姜、大蒜洗干净切好。

步骤4：把油倒进锅里加热，再把虾放锅里面炸，炸到差不多熟了就盛出来。

步骤5：把大蒜、生姜、辣椒、调料放进锅里炒一下，再把虾倒进锅里，放香菜、紫苏，翻炒几下就可以出锅了。

营养价值：虾含有丰富的蛋白质，虾皮中有丰富的钙质。

三、下厨篇（中期：8月1日—8月29日）

活动内容：在试做的基础上，独立完成从买菜到做菜，从做饭到清洗饭碗等当天"当家"的家务活动。

选录：

子柔：

第一道菜： 清蒸舌鳎鱼。

食材：舌鳎鱼一条、姜、生抽、油。

步骤1：将收拾好的鱼洗净，放入盘中。

步骤2：在鱼身上放上姜丝、盐、油调好味，蒸5分钟即可。

第二道菜： 红烧鸡中翅。

食材：鸡中翅、生抽、老抽、姜、蒜、盐、糖。

五年级

步骤1：水烧开把鸡中翅放入水中煮一下，把血水去掉，再捞出鸡翅滤掉水分。

步骤2：锅中加入花生油、姜葱蒜、鸡中翅，稍微煎一下。

步骤3：加入适量生抽、老抽、盐、糖翻炒一下，放清水没过鸡翅一半，盖上锅盖小火炖到汤汁差不多收干就可以出锅了。

第三道菜：白灼虾。

食材：虾、姜蒜、生抽、熟油。

步骤1：将虾洗净，剪去虾须、脚，沥干水备用。

步骤2：将虾倒入烧开的水中，放入姜、蒜去腥味，不用盖锅盖，煮20分钟后装盘。用蒜蓉、盐、生抽、熟油调和而成的调料蘸食即可。

第四道菜：清炒胡萝卜丝。

食材：花生油、蒜、胡萝卜。

步骤1：将胡萝卜洗净，切成丝。

步骤2：把花生油、蒜倒入热锅中，然后把胡萝卜丝倒入，翻炒一下加少许水盖上锅盖，煮熟后加少许盐盛出即可。

今天我当家：

第一道菜：地瓜粥。

食材：大米2两，少许燕麦，红薯。

步骤1：将红薯切成小块，水开后把红薯块、大米、燕麦放入锅里。

步骤2：用勺子搅拌至水再次沸腾，然后将火力调至中火，定时20分钟，一锅香糯可口的地瓜粥就做好了！

营养价值：红薯热量低、脂肪少，并且红薯中含有丰富的膳食纤维，能起到饱腹作用，符合减肥人群的基本需求。

第二道菜：柠檬红衫鱼。

食材：红衫鱼、盐、柠檬。

步骤1：先把鱼清洗干净。

步骤2：在鱼身表面撒上少许盐，淋上少许柠檬汁，腌制片刻。

步骤3：在煎锅中倒入适量油，将腌制好的鱼放入锅中，小火煎至两面金黄色。

步骤4：将鱼盛入盘中后再淋少许柠檬汁，就大功告成啦！

营养价值：红衫鱼，鱼肉丰厚，食用价值甚高，可供鲜食或加工成咸干品。

注意事项：

（1）清洗鱼的时候一定要小心，别被鱼身上的鱼鳍刺伤了手。

（2）腌制的时候不要加太多盐。

第三道菜：凉拌木耳青瓜。

食材：黑木耳、青瓜、香菜、糖、盐、胡椒粉、蚝油、生抽、陈醋、小磨麻油、辣椒油（可放可不放）。

步骤1：将泡好的木耳过水后捞出备用。

步骤2：将青瓜去皮、洗净、拍碎、切块，将香菜切碎，再加上木耳。

步骤3：这道菜看似简单，实则暗藏玄机。所有的主料放齐后再放入配料：糖、盐、胡椒粉各少许，蚝油、生抽少量，陈醋（一定要是山西的老陈醋）加入量是生抽的3倍，最后放入小磨麻油。喜欢吃辣也可以放入辣椒油。调料放齐后搅拌均匀，清爽可口的凉拌菜就做好了。

营养价值：黑木耳不但味道鲜美、营养丰富，还具有食疗功效，常吃黑木耳好处多。比如黑木耳具有补血、减肥、清肠等作用，还对冠心病、动脉硬化、心脑血管病颇为有益。

第四道菜：蒜茸菜心。

食材：蒜、菜心、食用油、蚝油、盐。

步骤1：菜心洗净后焯一下。

步骤2：炒锅里放油烧热，加入蒜末爆香后加入菜心翻炒。

步骤3：翻炒片刻后，加入少许蚝油、盐，翻炒均匀即可出锅。

四、反思篇（后期：9月01日–9月06日）

活动内容："今天我当家"主题活动，学生、家人的思考记录，老师的活动评价和思考。

【活动效果】

一、学生感言

美延：我觉得自己在学做菜的过程中长大了。我终于明白，原来妈妈和奶奶每天做菜多么辛苦。一道道菜中包含了妈妈和奶奶多少爱，包含了她们多少汗水啊！妈妈、奶奶，我想对你们说："你们辛苦了！"

子柔：做菜真累！妈妈每天下班回家还要做饭给我们吃，该有多辛苦啊！我以后要帮妈妈多做家务活。但看到家人把青菜、胡萝卜、鱼、虾都吃光了，还有受到爷爷、爸爸妈妈的表扬，我好开心，累也是值得的。

小冉：从买菜到做菜都是我自己动手的，妈妈全程指导。做简单的一餐都这么辛苦，而妈妈每天做三餐，还要变换不同的菜品、口味，真是不容易！妈妈，您辛苦了！

雨欣：做菜虽然很累但挺有趣的，特别是吃到自己做的菜很开心。从中我体会到平时父母做饭、照顾我是非常辛苦的，以后我会多做家务，学习做饭，让他们有更多的时间休息。

梓宸：虽然只是简单的三道菜，却把我累得快要趴下了，手忙脚乱地搞了几个小时才做好。通过做这顿饭我知道了妈妈和奶奶是多么不容易啊！我以后再也不挑食了！

二、家长感言

美延父母：美延像一只勤劳的小蜜蜂在这个暑假里忙碌着。暑假里孩子最大的爱好就是学做菜了。

放假第一天她就说："妈妈，我要做菜给全家人吃，都是你们爱吃的，爷爷奶奶、爸爸妈妈、弟弟、我自己。"美延还说："妈妈，我很喜欢做菜。"我听了感觉孩子懂事了。

暑假里，美延一共做了四道菜，每一道菜她都非常认真用心地做，做之前还在本子上记下步骤。她听完妈妈和奶奶说的菜的做法和过程，自己再动手做。我发现她还会试吃呢，就像一个小厨神。

小宾妈妈：我亲爱的孩子，你长大了，能吃到你炒的菜很幸福。这一次做菜真的熟练了不少，也能耐心地慢慢煮一餐了。虽然还需要妈妈指点一下，但是值得表扬一下，继续加油。

雅庄爸爸：下班以后，吃到了女儿做的菜，感觉很幸福，女儿长大了，开始懂得体贴爸爸妈妈了。

拓闻父母：通过学习做菜，孩子知道了父母的辛苦，学会了感恩。这三道菜孩子做得特别用心。每做完一道菜她就迫不及待地让家人品尝，那种期待的眼神包含了对家人浓浓的爱。

小意父母：快乐的假期里，孩子除了到处游玩外，在家里会主动学习做家务和照顾弟弟。他还学会了做两道菜和一道汤：可乐鸡翅、西红柿炒鸡蛋和广东老火汤。小意太棒了，不怕累，不怕苦，喜欢学做菜。看到孩子的用心和努力，我们父母感到十分欣慰、幸福。

三、教师感言

温老师：以前开展"学做一道菜"活动时，老师便说过：独立是为了分享！随着年龄的增长，我们变成了"今天我当家"。做菜前的调查是为了了解家人爱吃的菜、做菜过程、菜的营养价值等，既是对菜式的了解过程，对所吃的价值的深入认识，更是根据自己的能力进一步表达对家人的关爱。

【活动反思】

在这次"今天我当家"活动中，孩子们都获得了成长：一是提高做菜水平，活跃了家庭气氛。这种气氛有利于孩子的健康发展；二是经历了由害怕到感兴趣的过程，克服了恐惧，产生了小小的满足感和成就感；三是不仅培养了孩子的独立能力，还培养了孩子的分享意识。

当然，"幸福是靠奋斗出来的"，劳动创造幸福，这三点并不是通过一次实践活动就能全部实现的，接下来我们将家校合力把"今天我当家"系列活动深入推进！

五年级

行地铁博物馆，寻广州文化

——五年级自立教育班级主题活动案例

广州市天河区泰安小学　罗春媚

【活动背景】

习近平总书记在中国科学院第十九次院士大会上强调，中国要强盛、要复兴，就一定要大力发展科学技术，努力建设世界科技强国，努力成为世界主要科学中心和创新高地。

广州作为国际化大都市，其城市轨道交通系统居世界前列。广州地铁是国际地铁联盟的成员之一，广州是我国（不含港澳台地区）第四个、广东省首个开通地铁的城市。

广州地铁博物馆是本次活动开展的主要地点之一。广州地铁博物馆是广州市政府牵头出资筹建的"2015—2016年社会民生基础设施建设项目"之一，由广州地铁集团承建，旨在推进青少年科普教育，丰富市民文化生活。博物馆聚集了36家广州地铁参建单位的优势资源，以科普知识为核心，首创数字化地铁体验空间，集展览、教育、互动、游乐于一体，呈现广州城市建设和轨道交通行业发展成果，为市民打开一扇轨道交通领先技术展示之窗，为城市提供多元化的公共文化服务。

广州市天河区泰安小学开设泰安小学博物馆课程，五年级的课程主题是"和雅少年知行业"，本班主题活动在落实学校、年级博物馆课程目标的基础上，带领学生走进广州地铁博物馆进行多元探究。

【活动目标】

1. 了解地铁的发展历史、地铁的工作原理，对地铁行业的产生和发展有初步的了解。

2. 结合生活体验，了解广州地铁交通运营情况：开通线路、各条线路具体情况及记载的趣闻。能绘制广州地铁线路图并设计广州一日游路线图。

3. 整合学习资源，发现地铁中的科学原理，在阅读推荐书目、访问地铁工作人员或老师、先自主思考后合作交流的学习探究过程中，感受科技的魅力，能制作与广州地铁元素有关的科技画、小制作。

4. 邀请家长担任"旅行成长顾问"，提高学生独立探究能力，同时融洽亲子关系，巩固、提升家校关系。

【活动主题】

行地铁博物馆，寻广州精彩文化

【活动时间和地点】

2018年9月—2019年3月，广州市地铁博物馆、广州地铁线路、广州市天河区泰安小学。

【活动对象】

广州市天河区泰安小学五年级（1）班全体同学（"知行经典"中队）。

【活动形式】

参观学习、亲子活动、读书分享、手工制作、知识竞赛、反思总结。

【活动过程】

一、准备阶段

确定活动主题和内容，成立活动小组，制订研究方案。

五年级

表1 "行地铁博物馆，寻广州精彩文化"研究方案

	活动具体内容	时间
活动计划	选择、确定活动主题与活动内容	2018年10月
	师生共同制订活动方案，制订小组活动计划，开展前期活动	2018年11月
	学生通过上网、查阅资料、采访、询问家长、小组交流讨论等形式收集资料	2018年12月
	自立出行，到广州地铁博物馆实地参观，继续活动，实施方案	2019年1月—2月
	教师指导学生出竞赛题、交流、探究	2019年3月
	活动交流、评价、反思	2019年4月
	整理活动材料，成果展示，交流	2019年5月

二、实施阶段

阶段一：踏进广州地铁博物馆

（一）广州地铁艺术博物馆之旅活动过程

1. 制订出行计划，邀请家长志愿者一起参观广州地铁博物馆，完成实践活动及学习任务单。在班级QQ空间打卡"我与广州地铁博物馆合影活动"。

2. 通过观察记录、上网搜索、阅读相关书籍，设计地铁知识问答题目、答案，并进行筛选。家庭亲子互动答题，参加"广州地铁博物馆之行"知识竞赛试题班级笔试、年级竞赛。

3. 好书推荐、读书分享活动。

4. 参加"广州地铁博物馆之行"科学活动——探究伯努利原理。

5. 科技小制作、绘画作品创作——未来的地铁。

（二）广州地铁博物馆之行学习资源

1. 广州地铁博物馆基本情况介绍。

2. 广州地铁博物馆官方网站、微信公众号。

3. 书籍推荐：《地铁是怎样建成的》《地铁是怎样运营的》《地铁是怎样设计的》《地铁开工了》。

阶段二：成果分享展示

广州地铁博物馆之旅成果汇报形式：

1. 广州地铁博物馆参观实践活动分享。

2. 地铁知识问答题目、答案策划设计及筛选。

3. "我与广州地铁博物馆合影"活动、地铁专题阅读分享活动。

4. "广州地铁博物馆之行"知识竞赛（班级笔试、年级竞赛、亲子互动）。

5. "广州地铁博物馆之行"科学活动——探究伯努利原理。

6. 活动后感言、读书交流会。

7. 科技小制作、绘画作品——未来的地铁。

（备注：家长志愿者是"成长顾问"，是学生活动的见证者）

三、总结交流：反思与总结经验

1. 整理资料，交流撰写研究报告的方法、内容。学生根据自己所搜集的各种资料，尝试写出一份研究报告。

2. 科技画、科技作品的设计、制作、交流。

3. 知识竞赛评奖。

4. 学生、家长撰写心得体会。

5. 举办图片、资料展，将"实践活动学习单"在校内公开展示。

【活动效果】

一、学生参与活动过程

（一）准备工作

小组交流、讨论活动计划、出行注意事项、活动分工。

（二）参观广州地铁博物馆，探寻广州文化

1. 学生参观广州地铁博物馆，参与"我与地铁博物馆合影"活动。

2. 学生参观广州地铁博物馆，在地铁博物馆"地铁标志墙"前留影。

3. 学生参观广州地铁博物馆，参与博物馆内科技互动游戏、知识问答。

4. 学生参与"我为广州地铁博物馆展品拍照片"活动。

5. 完成学习任务，交流分享一日游路线及广州的美景、美食，探寻地铁线路图中蕴藏的广州文化。

（三）广州地铁博物馆知识竞赛

1. 学生参观博物馆后，从书籍、网络中了解相关知识，自己出知识竞赛题。

2. 参加家庭、班级、年级的广州地铁博物馆知识竞赛。

（四）继续探索地铁文化

1. 伯努利原理再探索。学生通过坐地铁、参观地铁博物馆探索发现感兴趣的问题，通过综合实践活动课堂、课外阅读、网络学习探究伯努利原理。

2. 课外兴趣科技创作小组制作活动——制作地铁安全小视频。

3. 用画笔畅想未来的地铁。

4. "我心目中未来的地铁"——"工程师组"展示。

（五）参观游记

广州地铁博物馆之行

广州市天河区泰安小学　杨琦欣

假期里，父母陪同我去参观了广州地铁博物馆，令我印象极为深刻。

一大早，我们就来到了位于万胜围的地铁博物馆。走进大门，首先映入眼帘的是写着"行愈远，心愈近"六个大字的大屏幕。正当我还在琢磨这几个字的意思时，我们就已经来到了"始发站"。广州，是一座拥有两千多年历史的名城，一直走在城市发展的前端。在1997年，广州迎来了自己的地铁时代。"始发站"就是讲述了这一开端。

紧接着，我们走过"地铁的山洞"，来到了世界地铁大家族——"环球站"。第一个出现在我眼前的是世界上第一条地铁——伦敦地铁。我立马凑上前，定睛一看：伦敦地铁的边缘是灰色的，车身是白色的，车门是红色的。与众不同的是，伦敦地铁红门的钥匙孔竟然设在红门的两侧，就像两位守护神守护着红门。第二个出现在我眼前的是巴黎地铁。巴黎地铁门的颜色是一点儿绿混一点儿白。看了许多国家的地铁，感触颇深。终于看到了广州一号线地铁，车型是那样熟悉，一条红直线横贯在一号线地铁车身上，中国的地铁是多么的壮观，多么的宏伟！

环球站不仅有地铁列车的介绍，也有地铁标志的介绍。

走着走着，我们来到了"时光站"。在这一站，我看到了明清时期的交通工具轿子，看到了民国时期的交通工具黄包车，看到了20世纪50年代的交通工具木壳船，看到了20世纪60年代的交通工具无轨电车，看到了20世纪70年代的自行车，看到了20世纪80年代的交通工具出租车，还看到了20世纪90年代的交通工具地铁。俗话说得好，时代在进步，科技在发展！在这一站，我真正明白了这句话。

随后，我们来到了"飞跃站"。在这一站，我知道了一组特别的数字"1997.6.28"。为什么这是一组特别的数字呢？原来这是广州地铁一号线首段开通试运营的日子。目前广州地铁已开通运营15条线路，共478公里的轨道交通线网，已开通一条7.7公里的新型有轨电子线路。看到这些具体的数据，令人赞叹不已！

接着，我们来到了"穿越站"。在"穿越站"，我知道盾构机已经有近200年的历史了。1825年布鲁诺尔发明了世界上第一台盾构机。1892年美国开发了封闭式盾构。1896年英国开发了条辐式刀盘机械化盾构。中国盾构的发展已有60年历史。现在的盾构机有着更高的科技含量与更安全、更节能的掘进方式。

我们又来到了"焕新站"。在"焕新站"，我看到地铁的轨道是由以下部分组成的：翼轨、信标、辙叉心、护轨、车轮计轴传感器、计轴电缆盒、接触轨设备、电动转撤机、直线电机感应板……想不到我们乘坐的地铁还有这么复杂的部件"辅助"啊！

快到出口时，我看到了"平安站"。在这一站，我玩了许多各式各样的游戏，每一个游戏都有着独特的意义，真是寓教于乐啊！

广州地铁从无到有，从理想到现实，跨越了一个又一个的困难和挑战，凝结着羊城人民的期盼与付出。让我们不忘初心，继续前进吧！

五年级

广州地铁博物馆游记

广州市天河区泰安小学　钟慧媛

周日下午，我和爸爸、弟弟一起来到位于万胜围的广州地铁博物馆进行参观啦！来到大门前，我就发现远处有七个字：广州地铁博物馆。

走进去，第一个展厅是"始发站"。站门根据地铁车厢仿造而成，穿过中间的车厢门就进入了展馆通道。我们顺着通道走过去，沿途的墙壁分别展示着位于世界各地的地铁站图片和建筑模型。不知不觉走过了长廊，我们来到了交通发展馆。这个展馆展示了广州各个时期的交通工具模型。通过这些逼真的模型我知道了在很多年前的广州，人们只靠步行；然后，有了轿子、黄包车，人们出行便捷多了；再后来，有了自行车、船、的士、无轨电车等交通工具，为大家节省了更多时间，真是棒极了！

接着来到的展厅是"飞跃站"。展厅里的屏幕上播放着市民对地铁的评价，其中有称赞，也有建议，还有广大市民共同建议推广的好点子。

下了楼梯，我们就进入了模拟隧道。这里向我们展示了埋在地底下的许多管道，像鼹鼠挖的，有红的、蓝的，还有球形阀、闸阀装在其中。小小的隧道里竟藏了这么多管道。原来，地铁要依靠这些管道才能开动起来。

展馆里还设有很多游戏，都是关于地铁安全与建设的，好玩极了。通过游戏，我知道了在地铁上要站稳扶好，不可以嬉戏打闹，要保证安全第一。

离开展馆，发现博物馆正在招募讲解员，我不禁想：如果我能成为广州地铁博物馆的讲解员，我一定用心工作，让小朋友知道如何安全乘坐地铁。

【活动反思】

一、激趣唤醒传递

五年级的学生，思维活跃，对科技兴趣浓厚，有一定的独立自主意愿和能力。他们对地铁熟悉而陌生，虽然出行时有所接触，但对比公交，学生较少独立乘坐地铁出行，更没有关注、思考地铁中的科技、文化元素。通过地铁博物馆之旅，依托地铁博物馆的探究，提升学生自主实践探究、团队分工合作以及信息筛选、整理、加工等能力；促使学生关注地铁行业，关注身边的科技，并在探究活动中进一步提高自立能力。在这次主题活动中，我与学生、家长共同参与其中，受益匪浅。

（一）激　趣

这次博物馆之旅，同学们走进了广州地铁博物馆，感受科技、广州地铁文化的力量。说起博物馆，在人们原有的印象中，可能是厚重的、静肃的，并不是每个小学生都会乐于其中。让学生乐于其中的秘诀是——激发兴趣。对于日常出行乘坐的地铁，你知道它的发展历史、成长故事和蕴含其中的高科技元素吗？这次的博物馆之旅，父母将与你调换角色，成为你的"跟班"。这次你不仅要负责自己与父母的"行"，还要给父母讲解。你敢挑战"广州地铁博物馆之行"吗？知识竞赛的题目由同学们来设计策划，可以考考老师和父母哟！你可以用自己最喜欢的方式开展和呈现你的探究……在确定主题、制订计划的过程中，这些有趣的方式一下子调动起了学生的主动性和积极性。

（二）唤　醒

人本主义心理学研究表明，每个人都有自我成长的需求。主题活动可以使学生和家长获得美好的情感体验。事非经过不知难，有些学生通过"自立出行"，自己订票、带着父母坐车、参观博物馆，经过了从不知道到知道的过程，有了"自立"带来的成功体验，更自信了，更懂得感恩。有些家长平时忙于工作，通过这次主题活动见证了孩子的成长，心里也颇有感慨。同学之间，在独立思考的基础上交流碰撞，共同学习探究，他们的收获更加丰富。在科技小制作活动中，班干部灵感迸发，汪奕舟联系课外兴趣班所学知识，用Scratch软件制作小视频《乘坐地铁安全注意事项》；李锦烨制作电力拉动地铁；而郑凯文和郭坤祖分别用积木搭建了"未来的地铁"，凯文的设想是太阳能地铁系统，坤祖则在"地铁"小模型上设置红外线感应，使"地铁"遇到障碍物就停下来。这几个同学谈起自己的设想与创作，眼睛里都闪着兴奋的光。

（三）传　递

科技的魅力是无穷的，并非只有数理化才能体现科技。王芮、孙小希、郑智远、杨子琪、林心悦等同学就把自己对科技的设想融入笔端，绘成画作。通过参观博物馆、出竞赛题、参加知识竞赛、担任父母兄弟姐妹的讲解员等活动，同学们将多种学习方式有机结合，其知识、能力都得到提升。特别是科技的魅力，在孩子的心中扎下根。通过对地铁的探究，同学们了解相关原理后又进一步探究其他现象。

广州，这座美丽、充满底蕴而有活力的城市，是孩子们的故乡，也早已成为来自五湖四海的孩子们的第二故乡。孩子们和家人早已融入这座城市，在生活、学习、工作的点滴中感受广州的文化。在这个主题活动中，地铁的发展，既体现出广州的进步，也是广州人的美好生活需求得到满足、不断提升的有力见证。地铁一日游、地铁线路图背后的"广州名片"，让学生在实践过程中进一步认识广州、触摸广州、了解广州，更加喜爱这座美丽、包容、创新的城市。

同时，学生的自立意识更加强烈了。学生自己研究如何购买地铁车票、如何换乘到达目的地，研究策划主题活动的具体活动方案、流程。比如，在学校课程基础上，学生策划了"与博物馆留影""为展品拍照留影比赛"等活动。学生的综合能力在活动中不断提高。

基于泰安小学博物馆课程，在本班组织的"广州地铁博物馆之行"探寻过程中，导师与学生、家长一同策划、组织丰富多样的体验活动，引领学生发现、实践与探索，培养学生的核心素养。

通过此次主题活动，我更加笃定了初心——找到每个孩子的闪光点、兴趣点，帮助每个孩子找到闪光点、兴趣点。这是教师的天职与责任。只有感兴趣，学生才会乐于其中，只有乐在其中，学生才会主动参与，收获成长。

班主任：罗春媚

2019年5月

二、学生活动收获

郑晔：这次参观地铁博物馆让我受益匪浅，我学到了很多有关地铁的知识。参观完地铁博物馆后，我感到非常震撼。当我知道地铁的历史有150多年时，我很惊讶，原来地铁的发展史这么悠久。参观了地铁隧道后我也很震惊，我知道了隧道是用盾构机挖出来的。随着时代的发展，地铁先进了很多。

叶荟萃：趁着周末，我和小伙伴一起参观了广州地铁博物馆。票是提前两天在微信公众号预约的。约的是十点半去参观，我们赶到时时间刚刚好，人不多，不用排队。我们来到门口，看到了地铁博物馆的吉祥物YOYO，于是我和它拍了一张合影。这次虽然是与父母同行，但是制订行程、订票全是我们自己搞定的，这让我们颇有成就感。

蔡雯希：博物馆中让我印象深刻的是模拟隧道。通过这次学习，我知道了隧道里面埋有许许多多的管道，像鼹鼠挖出来的小道，有红的、蓝的，还有一些球形阀、闸阀装在其中。原来一条看似简单的隧道里面竟藏了这么多管道。而我现在才知道，地铁能够开动起来正是依靠这些不起眼的管道！

胡钧博：一走进博物馆，映入眼帘的就是这个可以不断变化的屏幕，让你感觉来到不同的场景。里面有一个车厢式的门，穿过门就是轨道交通行业及广州地铁发展历史展示区。原来，广州的地铁从20世纪60年代就开始酝酿建造了，走过了几十年艰辛的路，真是不容易。我还看到了盾构机模型，非常逼真。馆里还有许多体验区，也都非常有趣。这次参观地铁博物馆不仅非常有趣，我还增长了见识。

三、家长感想

余梓涵家长：

陪　伴

周末带着女儿参观了广州地铁博物馆，与其说是我带女儿，不如是女儿带我比较贴切，博物馆的票是孩子在微信公众号上预约的，去博物馆的路线也是孩子在网上查询到的。

博物馆的首层是一条长走廊，有世界各地的地铁标志及国内各城市的地铁标志。长廊的尽头是广州交通的历史缩影模型，有轿子、黄包车、电车、自行车、出租车、地铁。看到我比较熟悉的公交车模型，开口想跟女儿说点什么，不料女儿脱口而出："还是我们好啊，夏天地铁里有空调，不像你们以前只能坐公交还是没空调的，挤得一身汗，还塞车。"

博物馆分为两层，每到一个地方，我都紧跟在孩子后面，时不时喝口水，准备及时为孩子答疑解惑。孩子拿着笔记本，用手机拍照。我放慢了自己的脚步，内心有了少许的失落，不知是谁在耳边悄悄地说："不是孩子离不开你，是你离不开孩子。"

以前带孩子出门，必须把"十万个为什么"带上，才能及时回答她的各种奇思异想，转眼间孩子长大了，你以为还可以和她一起走路聊天，其实她更想搭地铁，你以为还可以和她一起玩游戏、看书，其实她更想去和自己的小伙伴玩。最近网络上盛传一句话"不写作业母慈子孝，一写作业鸡飞狗跳"，在还能辅导孩子作业的时候你"嫌弃"她，在初中、高中、大学，往后所有的日子里那都是她在"嫌弃"你。

陪伴是一个永恒、古老的话题。我陪你长大，你陪我变老，代代相传。

程思涵家长：

带孩子一起参观地铁博物馆，上一堂有意义的亲子课

提起广州，大家可能在"云山珠水"中流连，被诱人美食吸引，却忘了广州也有着悠久的历史文化。如果不是学校组织的参观实践活动，我都不知道广州地铁博物馆如此有趣。孩子们好像天生与博物馆最适宜，他们在博物馆中穿越时空，走向世界，学习与地铁相关的历史、艺术、技术及安全等方面的知识，开拓思维，开阔视野。

地铁的历史不算长久，对比中华五千年的文化来说，甚至可以忽略不计，但对孩子们来说却已十分悠久了。几个孩子围着讲解员悉心聆听，不断提出各种问题，他们的眼中流露出求知欲。在地铁"盾构机"的大型模型旁，他们一边看着工作原理介绍，一边叽叽喳喳地讨论，时不时还向我们家长探讨请教。不仅调动了孩子们的学习热情，也增进了亲子关系。各类知识问答是在模拟机上操作，让脑力活动也变得如此有趣。

对家长来说，参观地铁博物馆的过程也是家长与孩子之间情感交流的过程，而孩子们也通过容易接受的教育方式获得了更多的快乐。广州地铁博物

馆是一个值得带上孩子去享受美好时光的地方。

叶荟萃家长：

陪伴孩子参观广州地铁博物馆

前段时间在百忙之中抽空带着女儿参观了广州地铁博物馆，亲眼看到了我国先进的地铁建造设备及超前的科技创新技术。观后甚是感慨，这些年我们祖国在基建方面确实取得了突飞猛进的发展，我为祖国的发展感到骄傲和自豪。

同时，通过这次参观我看到了女儿独立成长的一面，她全程除了认真参观外，还自己动手模拟地铁建造、地铁驾驶，开心地玩遍各种与地铁相关的小游戏，从而深入地了解了地铁的机械原理和基建常识。

通过这次参观我也深刻感受到陪伴才是对孩子最好的爱，与孩子一起可以感受到孩子在学习过程中的乐趣，当遇到困难、挫折时和他们一起克服，逐渐培养他们不怕困难、勇敢、坚强面对的精神。

孩子们这一代都肩负着将来建设祖国的重任，作为父母的我们愿意通过多多的陪伴，培养他们努力读书，将来为祖国的建设做出自己的一份贡献。

张皓棚家长：

地铁博物馆亲子行之家长感想（一）

陪伴就是对孩子最好的爱。与孩子一起学习，可以感受到孩子在学习上的乐趣和困难。孩子一点一点地去克服，这就是一个成长的学习过程。今天和孩子一起来到广州地铁博物馆参观、学习，了解了地铁的机械原理和基建常识。

今天对我们来说收获最大的是安全教育环节。馆里不仅展示了车厢内和站台上的安全应急设备、功能及使用方法，还设置了真实车厢模拟应急演练环节，可以亲身感受到现场的紧张气氛和如何安全疏散逃出车厢。此外，孩子在模拟驾驶室可以体验当司机的乐趣。

广州地铁博物馆一共有10站，由始发站、环球站、时光站、飞跃站、穿越站、焕新站、匠心站、便捷站、平安站、悠乐站组成。每站都展示了地铁背后"埋藏"了哪些部位，隐藏了哪些"奥秘"，在这里都能看得清清楚楚。在这里，孩子还可以了解广州公共交通的历史与变迁，以及广州地铁的发展过程。

快乐的时光总是过得特别快，参观活动就要结束了。今天，我和孩子都懂得了很多地铁的相关知识，收获满满。

胡以萱家长：

地铁博物馆亲子行之家长感想（二）

通过参观广州地铁博物馆，我们更加直观地了解了广州地铁的发展历史。博物馆以科普知识为核心，首创数字化地铁体验空间，集展览、教育、游乐于一体，呈现广州城市建设轨道交通行业发展成果，为大家打开了一扇轨道交通领先技术展示之窗。

琦欣家长：

地铁博物馆亲子行之家长感想（三）

趁着假期带着孩子参观了广州地铁博物馆。

虽然生活在广州，几乎每天都搭乘地铁，但真正去了解它，去认识它，还真没有尝试过。这次也算是和孩子一起参观、学习吧！

一大早，我们就来到了广州地铁博物馆。门口大屏幕上"行愈远、心愈近"六个大字，一下子就吸引住我们，这六个字真的概括出我们平时经常接触的地铁。"琦欣，你明白这几个字的意思吗？"我问道。孩子一脸茫然地看着我。我给她解释道："不管走得多远，彼此的心都是相近的。"孩子似懂非懂地点了一下头。不管她现在懂不懂，我想她长大以后还是会了解的。

走进博物馆，从第一站始发站开始，到最后一站悠乐站结束。一路上，孩子的惊奇、欢笑、感叹，深深地感染了我。一路上，孩子不断地发问，不断地了解，不但孩子开阔了视野，作为家长的我也学到了不少知识。地铁的发展历史不算长，对比中华文化的五千年来说，甚至可以忽略不计，但对小朋友来说，其实已经相当悠久了。让孩子亲身探索高科技的奥秘、体察真知，还能从寓教于乐中培养孩子的综合素质，这是最好不过了。

我们作为家长，平时就应该和孩子保持彼此是伙伴的这种关系，丰富多彩的亲子活动不仅有益于亲子之间的情感交流，促进亲子关系健康发展，也是鼓励我们和孩子一起探索学习、陪伴孩子一起进步的过程。

快乐的时光总是过得飞快，参观广州地铁博物馆的活动结束了，让我们一起期待下一次吧！

表2　广州地铁博物馆之行主题班会教案

课题	"广州地铁博物馆之行"——探究伯努利原理	
学情分析	五年级学生思维活跃，独立探究能力、意识都较强，对科学探究兴趣浓厚。在独立自主发现、探究的基础上，合作交流、分享，汇集问题，教师与学生就最感兴趣的问题开展探究。	
教学目标设计	初步了解伯努利原理，并联系生活解决在地铁博物馆之旅中遇到的相关问题：为什么乘坐地铁、火车等交通工具时，人们必须站在安全线外？	
	通过动手实践，学会从生活现象中归纳出科学规律。	
	激发学生探索的兴趣，培养学生的创新精神，让学生体会科学技术的力量，切实加强安全教育。	
教学重难点	通过动手做实验，初步了解伯努利原理，联系生活解决在博物馆探究中发现的问题：为什么乘坐地铁、火车等交通工具时，人们必须站在安全线外。	
教学准备	学生：纸片两张，纸团若干，空瓶；教师：PPT。	
教学过程	一、故事导入	
	1905年冬天的一个早晨，俄国沙皇派往西伯利亚的一位钦差大臣将要乘火车经过一个名叫鄂洛多克的小站。站长沃尔伦斯基，一大早就让部下把车站打扫得干干净净，身着笔挺的新制服，率领全站职工，手捧花束，排列在铁道两旁，恭候钦差大臣的到来。 不多久，列车在汽笛声中风驰电掣般地冲进了人群中。离列车很近的人们刚要举起手中的花束欢呼，突然，所有的欢迎者就像被人从背后猛推了一把，纷纷不由自主地向火车的方向扑倒……结果，这"魔鬼般的黑手"造成4人终身残疾，而包括站长在内的其余34人全都遇难。 离奇的惨案发生后，地方法院开始调查案件的真相。然而，机车状况良好，司机和员工都没有违章操作。经过反复调查也毫无结果。	激发兴趣，促进思考。 双"疑"齐下，激发学生探索的热情。

课题	"广州地铁博物馆之行"——探究伯努利原理	
教学过程	著名的俄国科学家齐奥尔科夫斯基知道此事后，哀叹道："可惜法官不懂伯努利原理……"（故事资料来源于网络） 过渡：那么这个"幕后黑手"到底是谁？什么是伯努利原理呢？同学们在探索地铁博物馆时发现并提出了疑问：为什么要设置安全线呢？与这个原理有什么关系呢？带着这些疑问，让我们一起踏上"广州地铁博物馆之行"，探究伯努利原理，寻找真相！	
	二、学做结合，探究问题	
	1. 普及知识 "流体"和"压强"的科学名词解释。 具有流动性的气体、液体统称为流体（如水、空气……） 物体所受压力的大小与受力面积之比叫压强，如水压、大气压……	激发学生的兴趣，通过动手实践帮助学生理解伯努利原理的科学概念。
	2. 动手实践游戏一：伯努利实验 （1）教师介绍实验，提问：猜一猜，当空气流动时，两张纸片可能会发生什么情况？ （2）实践出真知，一起来做实验。出示表格，了解任务。教师演示，学生认真观察步骤、现象。 （3）学生小组合作完成实验，记录表格。 （4）教师引导学生得出结论，印证真理： 在流体中，流速越大的位置，压强越小；流速越小的位置，压强越大。 （5）小结：这就是著名的伯努利原理，早在200多年以前，瑞士物理学家伯努利就用上述装置验证了这个结论。	指导学生观察，保证实验的顺畅、成功；引导学生猜测，助力学生探索科学奥秘。
	3. 动手实践游戏二：谁是大力士 （1）教师宣布游戏实验规则：每组推选一名"大力士"参与比赛，其他同学做裁判、啦啦队员。教师拿出一个小纸球、一个矿泉水瓶。把纸球放在瓶口端，选手对准瓶口使劲吹气，看谁能把小纸球吹进瓶子里。 （2）全班同学在小组内做实验，思考并分析产生这种现象的原因。 （3）再次印证伯努利原理。我们吹的气像列车开过，人就像小纸球。	通过游戏、动手实践让学生保持学习兴趣，通过动手实践加深理解。

五年级

课题	"广州地铁博物馆之行"——探究伯努利原理	
教学过程	4.解决问题和疑问,还原鄂洛多克事故的元凶 列车高速驶来时,靠近列车车厢的空气被带动而快速运动起来,压强就减小。站台上的旅客如果离列车太近,旅客身体前后会出现明显的压强差,身体后面较大的压力将把旅客推向列车而致其受到伤害。	解决开课时的疑问。学以致用,进一步吸引学生的注意力。
	三、总结:地铁站台的安全线以及科技的力量	
	有人测定过,在火车以每小时50公里的速度前进时,竟有8公斤左右的力从身后把人推向火车。因此,为了警示乘客,距站台边沿1米的位置都画了一条保护生命的黄线。鲜艳的黄线就是告诉所有人:不要越过黄线,否则会有生命危险!所以,我们以后在站台上候车时,不要越过安全线;或在马路、铁路边玩耍时,不要靠近高速行驶的汽车、火车。因为疾驶而过的车辆对站在它旁边的人有一股很大的吸引力。这就是伯努利原理。同学们,把这个可以救命的科学知识告诉爸爸妈妈吧!	抓住时机,对学生进行安全教育,切实提高学生的安全意识。
	同学们,大自然神奇而神秘,要想适应大自然,就必须了解大自然,了解科学。科技的力量是无穷无尽的,走进科学的世界,探索科技的乐趣,学习更多的科学技术,利用科学让神秘的自然为人类服务,让科技为人们的生活提供更多的便利,让科学的产物与人类和谐共存,和谐发展。学习更多的科学技术,传承科学严谨、造福人类的科学精神,实现科技强国,为实现中华民族伟大复兴的中国梦而不懈努力!	价值观引导。把科技强国理念深植学生心中。
作业布置	1.继续了解基于伯努利原理的其他实验,可以与小组成员、家人一起动手做实验,注意安全。 2.制作地铁安全标语,把救命的科学知识告诉更多的人。	

阅读中华经典，当书香小雏鹰

——五年级"经典文化教育"班级主题活动

广州市天河区龙口西小学　邹丹

【活动目标】

教育引导全体队员了解经典文化的丰富内涵，紧密围绕"阅读中华经典，当书香小雏鹰"的主题，扎实开展经典文化的德育体验活动，逐步树立民族自尊心和自豪感，传承经典文化。

【活动主题】

阅读中华经典，当书香小雏鹰

【活动时间及地点】

40分钟，课室或者音乐室。

【活动准备】

1. 全体队员按兴趣分成5个小队，并为小队起好名字，制订《"缅怀革命先烈，传承文化精神"争章计划》，在准备阶段收集革命先烈的故事与事迹，并准备表演节目及课件。

2. 全体队员为自己喜爱的诗歌配画，并交由中队委员会扫描、制作成展示课件。

3. 学唱《国家》。

4. 在争章过程中，队员们要翔实记录活动过程，填写《书香章争章过程记录表》。

五年级

【活动过程】

一、前期准备

1. 各小队汇报人数，中队长统计好人数报给中队辅导员。

2. 全体起立，出旗，敬礼。

3. 唱队歌。

4. 中队长讲话：

我们的祖国有着悠久的历史、灿烂的文化。在五千年的历史长河中，中华文化哺育着中华儿女。博大精深的中华经典文化是中华文明的精髓。

我们新世纪的少先队员应该在我们记忆力的黄金时期诵读中华经典，"阅读中华经典，当书香小雏鹰"中队主题队会现在开始。有请主持人。

二、各小队汇报演出

Part 1

甲：中国，是一个拥有五千年文明的古国。中国，是一个拥有壮丽山河的悠悠大国。

乙：在这960万平方千米的土地上，生活着一代又一代勤劳、善良、聪慧的人民，这里有着巍巍的群山、潺潺的流水。

合：中华文化源远流长，在历史的长河中，它好像一颗璀璨的明珠，灿烂夺目，经久不衰。

甲：春夏秋冬，四季风情，多少人为之倾倒，留下了脍炙人口的诗篇。

乙：今天，我们的队员们分成了"春之声""夏之韵""秋之色""冬之魂"四个小队，他们为我们准备了哪些节目呢？

甲：春天给人无限的生机和力量，一些文人墨客写下了春的诗篇，咱们一起聆听"春之声"小队带来的《春天诗歌大联颂》（包括《春晓》《咏柳》《春夜喜雨》《鸟鸣涧》《清明》《晚春》《绝句》等）

Part 2

甲：春天美好而短暂，但是四季都有不同的景象，接下来我们将走进漫长的夏季。

乙：炎炎夏日，并非一味的燥热，夏天，也有其说不尽的诗情画意，不管是"接天莲叶无穷碧，映日荷花别样红"，还是"小荷才露尖尖角，早有蜻蜓立上头"，都是那么别具情致。有请"夏之韵"小队为我们表演三句半《经典颂》。

Part 3

甲：轻松自在的三句半让我们感受到中华经典经久不衰的魅力。

乙：生活在如此神奇、富饶的土地上，我为自己身为一个中国人而自豪！

甲：说起富饶，我们知道秋天是一个收获的季节，今天"秋之色"小队将带着我们领略祖国山河之多娇。接下来的时间交给"秋之色"小队。

"秋之色"小队联背关于祖国山河壮丽的经典，并出示问答题考查队员们是否认真听讲。

Part 4

甲：感谢你们，让我们饱览了祖国山河的壮丽，让我们记住了这些美丽的诗句。

乙：走过"万紫千红总是春"的芳香春季，度过"小荷才露尖尖角"的盛夏时节，经历了"霜叶红于二月花"的迷人深秋，我们迎来了"千里冰封，万里雪飘"的壮丽隆冬。

甲：数不尽的风景名胜，读不够的千古绝唱，品不完的民俗风情……

乙："冬之魂"小队又将带领我们领略怎么样的中华经典呢？有请"冬之魂"小队带来相声《慈母手中线，游子身上衣》。

三、展示打分环节

甲：一篇好的诗文，就是一杯香醇浓郁的美酒，读来总是令人回味无穷。

乙：一个好的朗诵，定是一种心灵的沟通，令人荡气回肠，久久不忘。

甲：好读书，书中自有真情在；读好书，好书伴我度人生。

乙：我们来看看，今天各小队是否能完成争章任务。

甲：有请各位评委为各小组评分。

乙：在评委评分的紧张时刻，我们一起来欣赏队员们在活动前准备的诗配画作品。

甲：评委已经有结果了，请评委宣布争章结果。

五年级

四、结束阶段

（一）主持人总结活动

甲：我们不仅会背古诗，而且从古诗中领悟了许多真谛，通过平时的努力，我们中队涌现出了不少的优秀雏鹰，现在有请他们上台领取"书香章"。

乙：比一比，我们交流的是情感，赛一赛，我们挽起的是手臂。心与心互动，收获的是友谊，擎起的是希望。在活动最后，让我们合唱《但愿人长久》，重温这首改编自千古传唱的中秋佳词《水调歌头》的歌曲，感受其魅力，更在传唱中演绎着这份奇妙吧！

合：我们衷心祝愿"但愿人长久，千里共婵娟"。我们更坚信：我们奋进的中队，一定能"乘风破浪终有时，直挂云帆济沧海"。接下来，有请辅导员为我们今天的活动做一个简短的小结。

（二）辅导员讲话

从刚才的活动来看，大家已掌握了许多古诗。不过，我们只是漫游了古诗园中的一角。要想漫游整个古诗园，对古诗有更多的了解，我们还需要更多的时间，下更大的功夫。用诗人王之涣的话来说就是——（大家齐说）"欲穷千里目，更上一层楼"。今天的课就要结束了，可是我们对古诗词的热爱不会结束。作为我国五千年历史长河的积淀、中华民族传统文化语言的结晶，诗词将永伴我们，充实我们的思想，滋养我们的成长。学无止境，学海无涯，最后就让我们用屈原的诗句来结束今天的活动——"路曼曼其修远兮，吾将上下而求索"。

（三）呼 号

"准备着，为共产主义事业而奋斗！"

"时刻准备着！"

（四）退旗，敬礼

（学生一起配合）

【活动反思】

在本次主题队会中，学生真正成为课堂的主人。学生是活动的主体，中队长是活动的组织者，中队辅导员是活动的引导者和合作者。学生在轻松愉悦的气氛中，积极参与，真正成了活动的主人。

首先，要大胆放手，让中队长主持活动，让全体学生放开手脚参与活动的全过程，培养学生的自主能力和表演能力，使学生在表演中感受喜悦，增强自信心。

其次，把活动过程的设计要求降低，要符合小学中年级学生的心理特点，采用多种生动活泼、有趣的形式调动学生参与的主动性，让学生积极参与到活动中，在活动中反思，获取知识。

最后，对活动过程中出现的问题及时进行调控。评委评分环节，辅导员必须参与其中，否则会引发学生对于公平的争议。尽管这次主题队会还有许多遗憾，但我们可以看到学生在活动中确实受到了教育，这种教育是学生的自我教育，不是教师空洞的说教，能让学生更乐于理解和接受。

附1

三句半《经典颂》

甲：四个队员走上台。

乙：夏之韵来颂经典。

丙：今天咱演啥节目？

丁：三句半。

甲：祖国如今何景象？

乙：各行各业争发展。

丙：文化发展不落后。

丁：好喜欢。

甲：中华文化谁来数？

乙：我道中华古诗词。

丙：吟唱不分国内外。

丁：唯经典。

合：对！经典！

甲：还有啥文化传唱？

乙：外国建庙学孔学。

丙：之乎者也处处闻。

丁：好自豪。

甲：外国人可知李白？

乙：诗仙诗圣全能数。

丙：倒背如流顶呱呱。

丁：挺好啊！

甲：还有那四大名著。

乙：三国自当不用说。

丙：西游更揭开面纱。

丁：够强大！

甲：奥运会上惊世人。

乙：四大发明至今传。

丙：谁把经典直流传？

丁：中国人！

合：对！中国人！

甲：祖国变化日新异。

乙：只有经典久不衰。

丙：东方明珠更璀璨。

丁：真伟大！

甲：说到这里算一段。

乙：水平能力真有限。

丙：望多提宝贵意见。

丁：下次见！

合：谢谢！再见！

 附2

相声《慈母手中线，游子身上衣》

甲：（背诗状）天山鸟飞绝，万径人踪灭……

乙：（边说边出场）哟，柳桶，今天怎么这么刻苦啊？

甲：孔子不是说了吗：学而时习之，不亦乐乎？

乙：话是这么说，可没见你以前这样啊。

甲：唉，快别说了。这，这都是我妈逼的。我觉得我妈根本就不爱我……

乙：呵，什么话！古语说，慈母手中线，游子身上衣。天下哪有父母不疼爱子女的？

甲：我给你说说。就说上个星期天吧，我想，好不容易挨到周日，一定要好好睡个觉，可才早上六点半，就被我妈叫了起来，还说什么"三更灯火五更鸡，正是男儿读书时"。唉！

乙：这有什么不对？古人云："劝君莫惜金缕衣，劝君惜取年少时。"

甲：唉，起床就起床吧，可一看书就心烦。嘿，干脆就在卫生间待着吧。我一待就是半小时。我妈又嚷起来了："嘿，干什么呢？古人云'少壮不努力，老大徒伤悲'，你这样懒散，长大了可怎么得了！"

乙：你妈说的没错啊。

甲：好容易挨到吃饭的时间了。一个馒头，还剩下半个，实在吃不下了，我刚要扔，又被妈妈制止了。

乙：（抢先接）"谁知盘中餐，粒粒皆辛苦"，是不是？

甲：（点头）既然是农民伯伯洒下的汗水，我还是吃了吧。整个上午就是学习，看书写字，写字看书，真是"寻寻觅觅，冷冷清清，凄凄惨惨戚戚"。

乙：有那么严重吗？

甲：下午，妈妈说要带我到峰山公园去登山，我一听，兴奋得真是"漫卷诗书喜欲狂"啊！

乙：怎么样，这下体会到母爱了吧？

甲：哎，我高兴得太早了，我妈是"醉翁之意不在酒"啊。

乙：此话怎讲？

甲：到了公园，我妈一本正经地对我说：柳桶，为了锻炼你的身体，也为了磨炼你的意志，妈陪你用15分钟爬上山顶。

乙：那山高吗？

甲：怎么不高啊！平时我少说也得用半个小时。我不得不向妈妈告饶了。"妈，饶了我吧，这也太难了吧。"什么，难？！天下事有难易乎，为之，则难者亦易矣，不为，则易者亦难矣，你不去做，再小的困难也克服不了。

乙：有道理。

甲：咳，我真是费了九牛二虎之力，才爬上了山顶。

乙：你在山顶看到了什么？

甲：（得意地）那可是"会当凌绝顶，一览众山小"啊！

乙：怎么样，品尝到成功的喜悦了吧？

甲：到了晚上，妈妈让我总结今天的收获。我说，有什么好总结的。我妈又来了："古人云，吾日三省吾身。不善于总结，怎么能提高呢？"

乙：你妈说的对呀。说实话，遇上这样的老妈你可真幸福啊！

甲：可也是，我有今天的成就还多亏了我妈呢。

乙：那你还不谢谢你妈？

甲：（向观众，真诚地、夸张地）妈，谢谢你了。

表1 "阅读中华经典，当书香小雏鹰"争章计划

小队名称		队长姓名		带队家长	
队员名单					
阅读时间			阅读形式		
小组汇报方式			存在的困难及克服计划		

表2 书香章争章过程记录表

队员姓名		所在小队		队长评分	
日期	阅读经典诗词	阅读经典文章	阅读经典故事	合作阅读	
月　日					
月　日					
月　日					
月　日					
月　日					
月　日					
月　日					
月　日					
评委意见	可以（　　　）/不可以（　　　）取得"书香章"				

（填写说明：认真完成则加★，队长评分则给予总评分，评委在括号内打"√"）

五年级

与书为友，阅读同行

广州市天河区龙口西小学　邹丹

【活动目标】

1. 了解古今中外名人读书的故事，明白读书的重要意义。

2. 有选择性地阅读书籍，能明辨是非。

3. 学会正确的读书方法，养成好读书、读好书的习惯。

4. 与书为伍，学会爱护图书。

【活动主题】

与书为友，阅读同行。

【活动时间和地点】

教室、学校图书室等。

【活动形式】

交流、展示读书成果等。

【活动准备】

一、环境布置

1. **书香氛围墙**：可在教室里适当张贴学生的阅读作品。

2. **读书名言墙**：可以适当地在教室的墙壁上布置与读书有关的名人名言

条幅或者书法作品。

3. 整洁图书角：图书摆放整齐，有借阅制度、登记表。

二、学生准备

1. 了解世界读书日相关知识。

2. 带上自己喜欢的书籍，并在书中贴上便签，便签上可以写下自己推荐书籍的理由、提出的问题等。

3. 布置教室。

三、教师准备

1. 根据主命题，调整成适合自己班的子命题，然后完成PPT（高年级可以让学生来尝试）。

2. 了解学生最近喜欢阅读的书籍，适时指导。

3. 确定是教师自己主持还是找学生主持，并确定主持稿。

【活动过程】

一、"猜谜知书"暖场活动

1. 猜谜：千层宝典一翻开，黑白纵横一排排。历代往事它记载，知识没它传不开。（打一物）（谜底：书）

2. 主持人宣布：自古以来，书籍就是人类的好朋友。以书会友更是中华民族的传统美德。我宣布"与书为友，阅读同行"——世界读书日主题班会正式开始。

二、知读书之意，诵读书诗歌

1. 了解世界读书日：学生制作PPT或者手抄报。

2. 一名同学介绍，其他同学可以适当补充。

3. 主持人带动全体同学诵读诗歌。

三、讲读书故事，赠名言书签

1. 全班朗读、分享名人读书的故事。

2. 小组交流读书名言。互赠书签：小组内每个成员各说一句与读书有关的名言，并在课前把自己知道或者喜欢的名言写到书签纸上。在小组内跟同学交换。

五年级

四、读书有方法，好书齐分享

1. 同学分享读书方法。

2. 好书齐分享。

3. 班主任也推荐好书。

五、订读书计划，立读书目标

1. 倡议制订读书计划。

2. 发放家庭读书计划书及填写规则，让学生回家填写。

3. 计划书样例：

龙口西小学五年（8）班家庭读书计划

一、读书目标

写出一两个目标即可，主要针对读书习惯和能力。

二、读书清单

按照孩子的实际水平，从老师推荐、孩子自荐、家长推荐三类书单中挑选组合，原则上每个月不少于一本。

三、读书时间

每天至少读书半小时，可以亲子共读，也可以陪孩子读，再交流。

四、读书记录

可以制表或做班级特色读书笔记等，别忘了每天在智慧阅读平台打卡。

五、读书总结

总结父母与孩子的感受，可以是读书方法总结，也可以是读后感。

童心读历史，童言绘童梦

广州市天河区员村小学　郑晓军

【活动背景】

为迎接"世界读书日"的到来，引导和鼓励师生、家长与书为友，养成多读书、读好书的良好习惯，在阅读中吸收民族文化精华，扩大知识面，丰富精神生活，培育和践行社会主义核心价值观，我们开展了这次活动。

【活动目标】

1. 感受伟大祖国的繁荣昌盛与辉煌成就，感受爱国英雄、民族英雄的忠诚爱国精神，进一步培养学生的爱国主义情感。

2. 做好师生共读、亲子共读，继续创建书香班集体、书香家庭、书香校园。

3. 确保每个学生都在指定时间内完成指定书目的阅读任务，鼓励学生阅读同一主题的书目，不断提高学生的阅读能力，增加学生的知识积累与文学积累。

4. 开展以小组为单位的学习展示活动，激发学生的读书兴趣和参与活动的热情，培养他们提高自我、展示自我的向上意识。

5. 扩大读书节的后续影响，培养学生良好的读书、爱书、阅读交流的好习惯。

【活动主题】

童心读历史，童言绘童梦

【活动对象】

小学五年级学生。

【活动准备】

家长义工在教室里挂活动宣传条幅，营造活动氛围：

1. 与经典同行，为生命阅读。

2. 点燃读书激情，共建书香校园。

3. 读书使梦想展翅，知识让生命飞翔。

【活动过程】

表1 "童心读历史，童言绘童梦"活动过程

活动阶段	活动内容	活动要求
（一）启动阶段	师生共同制订活动方案，推荐书目	1. 公布推荐书目 2. 班群发布读书节活动通知
（二）实施阶段	1. 阅读中成长 各小组按照书目开展自主读书活动	1. 师生共读、亲子共读一本书，制作读书卡 2. 交流、评比与展览
	2. 阅读中体验	选取推荐书目中的章节进行朗读、讲故事、课本剧表演，先在班级比赛中选出优秀组别，再在年级会上进行专场表演，优秀剧目推荐在学校舞台演出
	3. 阅读中进步	各小组根据推荐的书目出一份课外知识问答卷，以竞赛形式进行
	4. 图书跳蚤市场	学生每人带1—3本已经看过的书进行义卖，由教师指导学生定价（一般为3—10元），并带领学生布置义卖专场。卖书的收入由班级家委统计公示，再统筹购买食物到养老院去慰问

活动阶段	活动内容	活动要求
（三） 评价与总结	评出读书节的 "阅读之星"	利用集星卡进行读书节活动评价，集得星星最多的前5名同学为本次读书节的"阅读之星"

📖 **附**

表2　"童心读历史，童言绘童梦"读书节集星卡

班级：（　）年级（　）班　　姓名：＿＿＿＿＿＿　　中队辅导员：＿＿＿＿＿＿

书　名	
阅读任务	星　级
1.通读全书	☆☆☆☆☆☆☆☆☆☆
2.阅读卡制作	☆☆☆☆☆☆☆☆☆☆
3.阅读展演	☆☆☆☆☆☆☆☆☆☆
4.阅读检测	☆☆☆☆☆☆☆☆☆☆
5.跳蚤市场表现	☆☆☆☆☆☆☆☆☆☆
综合评价	共获（　）颗星 获得本届读书节"阅读之星"称号（　）
老师签名	

五年级

今天是我们的生日

广州市天河区南国学校　郑锐华

【活动背景】

核心素养的培育目标要求我们更加关注学生的自主发展，而小学生的主体性成长往往源自对生活情景的真切体验。正如蒙台梭利所说的，我听见了，我就忘了；我看见了，我就记得了；我做过了，我就理解了。"生日会"是小学班级活动中"体验式德育"的重要形式之一，贴近学生的生活，能够激发学生参与活动的兴趣和主观能动性，让学生在真切的情感体验中获得道德认识。

【活动准备】

首先，开学之初，我们就向家长收集了全班学生的生日信息，并根据在校月份、学生人数和教学安排划分出各个月份过生日的学生成员。最终确定，每2个月举办1次集体生日会，2个学期结束时，全班学生都会在班里过一次集体生日。

其次，我们经与家委沟通，要求每一场生日会，爸爸或妈妈需要有一方亲自到场。这就需要老师在举办生日会的当月提前通知家长时间和地点，以便家长安排好时间。

集体生日会的教育目的、开展形式都会根据学生的发展需要和班级情况做出适当的调整和安排。

【活动目标】

1. 让学生了解自己的成长经历，学会感激父母的养育之恩。

2. 调查家长跟自己孩子的亲子关系，发现班级需要解决的问题。

3. 观察家长对学校活动的参与度和配合度，以此活动来提高家长参与学校活动的热情。

【活动准备】

1. 提前让过集体生日的孩子家长准备自己孩子从出生到现在的成长照片，要求每年至少1张。

2. 提前让过集体生日的孩子家长准备一段适合自己孩子情况和理解能力的生日祝福，生日会当天送给孩子。

3. 提前委托家委会购买生日蛋糕和生日用品，要求简单实用，力戒奢华。

4. 教师根据德育主题和班级教育问题制作集体生日会PPT，一方面确保学生的生日会以学生的日常生活为着力点，一方面实现以集体生日会为载体进行体验式德育渗透。

【活动过程】

一、玩"猜猜他／她是谁"游戏

（一）教师导语

同学们，从小到大，每个人都有很大的变化，你是否记得自己小时候的样子呢？是否记得自己蹒跚学步的样子呢？我们一起来欣赏下面的照片，看看你能否猜出来他/她是谁？

（二）学生活动

全班同学一起观看过生日的同学小时候的照片，猜猜是哪个小寿星。

（三）活动目的

这个游戏主要用于暖场，调动学生参与活动的兴趣和家长的关注度，避免过早进入主题而使气氛不够热烈，情感体验不够强烈。

五年级

二、"我是这样长大的"视频欣赏

（一）教师导语

同学们，刚才你们看到的都是大家还是婴儿时期的照片，有些甚至分不出是男孩还是女孩。我们在慢慢长大，爸爸妈妈也在慢慢变老，希望大家在回忆自己成长的时候，不要忘记感谢爸爸妈妈的陪伴和照顾。下面我们一起欣赏小寿星们的成长轨迹照片。

（二）学生活动

全班同学和家长一起欣赏过集体生日的同学的"成长轨迹照片"（PPT）。

（三）活动目的

这个活动不仅可以让学生与家长一起重温自己成长中的点点滴滴，激发学生的感恩之情，而且可以让学生在班级集体生日会的舞台上展示自己的生活，展现自己的成长，从而使过集体生日的学生获得归属感和尊重需求，也有助于班集体凝聚力的增强。

三、来自爸爸妈妈的祝福

（一）教师导语

过生日是开心的事，因为过生日，意味着我们又长大一岁，而且我们会收到很多祝福。今天，我们小寿星的爸爸妈妈也来到现场给小寿星们送祝福，让我们用热烈的掌声欢迎家长们！

（二）家长和学生活动

小寿星们的爸妈轮流上台送祝福，学生聆听祝福。

（三）活动目的

这个环节有助于家长敞开心扉说出对孩子的祝福，也有助于孩子理解家长的关爱、关注与期待，进一步增进亲子关系。

四、我们一起许愿

（一）教师导语

感谢现场的爸爸妈妈们，谢谢你们给孩子们带来美好的祝福。接下来请我们的小寿星上台一起许愿、切蛋糕，全班同学一起唱生日歌，送给今天幸福的小寿星们。

（二）学生活动

小寿星们：一起许愿、切蛋糕。

其他学生：一起唱生日歌。

唱完生日歌全班学生一起吃蛋糕。

（三）活动目的

经过前述几个环节的体验之后，学生的情感体验和思想感悟得到进一步提升。

五、教师小结

同学们，今天这场生日会，简单而深刻，意义非凡。成长的路上，我们有过伤心和哭泣，但请大家在回忆的时候，不要忘记陪伴我们一起成长的爸爸妈妈，正因为他们的辛苦付出，才有我们今天的幸福生活。也不要忘记，陪伴在我们身边的老师和同学，我们是相亲相爱的一家人，所有的开心和不开心，我们将一起经历。让我们再次将热烈的掌声送给今天过生日的小寿星们和前来参加生日会的爸爸妈妈们。

【活动效果】

在生日会之后，孩子们很惊讶于自己的成长变化，有些孩子甚至认不出自己出生时的照片，而家长开心地来参与，感动满满地离开。很多学生都期待下一次轮到自己过集体生日，期待上台展示自己的成长轨迹，而家长们通过参加集体生日会，真切感受到老师对孩子的关爱和关注，也更加积极地配合学校的教育工作。本次活动达到了预期的目的。

1. 密切了亲子关系

家长通过收集孩子的成长相片，回顾了孩子成长的点点滴滴，不仅有助于缓解与孩子的矛盾，还能激发当下对孩子的关爱与关心。而孩子通过回顾自己的成长轨迹和聆听父母的现场祝福，对父母的感恩之情油然而生，增强了责任感。在集体生日会中，有的父母在现场讲述孩子的成长故事，说到对孩子的祝福时，禁不住流下了激动的泪水，这对于孩子们来说无疑是非常深刻的情感触动和体验。

2. 密切了师生关系

集体生日会作为一种德育实践活动形式，本身就显示了对学生的关注与关爱，使得学生能够在一段时间内受到老师、同学和家长的集中关注，有利于促进学生萌生归属感和培养积极向上的心态。此外，让学生自主参与集体生日会的活动策划，有助于发挥学生的主体性和自主性，感受到老师工作的不容易，从而体会老师的艰辛，融洽师生关系。

3. 密切了同学关系

集体生日会的活动形式在班级空间中创造出一个更加亲密的情感组织，一方面，学生参与策划和组织活动，群策群力，增强了同学之间的合作意识和协调能力；另一方面，集体生日会的展示与分享使得学生对于尊重、关心和同学之情有了更深刻的体验，有助于学生融入班集体，获得归属感，形成凝聚力。

4. 密切了家校关系

教师愿意费心费力为孩子过生日，家长愿意积极主动参与学校活动，这个过程不仅有助于建立教师与家长的信任和情感，而且借助这个平台，教师与家长之间、家长与家长之间可以交流教育孩子的方法与心得，融洽家长之间的关系，从而在教师的带领下，共同促进学生全面发展、健康成长。

同桌招聘会

——六年级自强教育班级主题活动案例

广州市天河区龙口西小学　陈远春

【活动背景】

一、学生心理特点

六年级的学生进入青春早期，自主意识逐渐强烈，喜欢用批判的眼光看待其他事物，对自己有成长上的要求，形成初步的人生观，对待老师、父母的说教有时会反抗、抵制。

二、家长特点

对孩子在学业上有较为迫切的要求，期待孩子能够考出好成绩，与此同时对孩子在品德形成、习惯养成方面有所期待，希望孩子能够更为自主自强，努力实现自我成长。

三、班级情况

经过一年多的接触，已初步摸清学生的情况，这些学生个性单纯而又善良，对学习成绩有所追求，但是又因学习习惯问题而停留在思想积极、行动滞后阶段。由于班级发展一直较为动荡，学生对于品行、习惯等方面的认识模糊，对自己的认识亦不清晰，对他人的评价更多只是贴标签：成绩好（坏）、脾气好（坏）、爱帮助人（自私）……

【活动目标】

1. 通过撰写招聘广告，激发学生认识自己，正确看待自己的优缺点。
2. 借助自主招聘，引导学生积极主动展示自我，认真积极发现美好。

3. 通过撰写同桌合约，增强学生学习能力、合作意识，培养学生的主人翁意识。

4. 通过活动总结、分享感悟，引导学生正确对待成绩、品行、习惯，促发学生向上、向善、自强。

【活动主题】

同桌招聘会

【活动过程】

一、撰写招聘广告

各位同学，每次调换座位都让老师非常头疼，谁与谁坐，坐在哪里，你们有诸多要求，老师没办法让你们都百分百满意。以往是老师包办，今天就由你们自己来发挥操作，所以今天我们举办一场招聘会，由你们来招聘自己的同桌。首先请大家各自准备纸和笔，然后撰写招聘广告，内容大家各自发挥，鼓励创意表达，但必须包括以下几项内容：写清自己的优势，吸引别人；写清自己的招聘要求，精准投放，当然也可写下自己的不足，让别人不后悔选择。

六年级

二、招聘广告欣赏

大家八仙过海，各显神通。大家都写好招聘广告了，接下来我们来欣赏一些招聘广告，看看大家写得如何，也可以顺势看看有没有符合自己心意的人选。

三、自主招聘同桌

请大家积极主动起来，可以积极地向他人展示自己，也可以努力争取他人。请大家积极地去查看招聘信息，如果两人同时均有意向，则到老师处报名。每个人最多可以向老师报3个合意的人选，以免落空。如果最终都没有合意人选，则由老师分配，当然也有可能是招聘失败，自己单独就座。

图1 学生积极踊跃地争相查看招聘广告

四、同桌招聘会分享

同桌招聘会的第一阶段，现场招聘已经告一段落啦！接下来，第一次参与此次招聘会的各单位的代表们，相信你们都有所感触，所以，今天就请各位写一写自己的心得与体会，下半场我们继续。

五、撰写同桌合约

各位同学，自己招聘的同桌不是招完即了事，同桌招聘的下半场分享我们也结束了，同桌也都招聘好了，95%以上的同学都招聘到了自己中意的人选，很遗憾也有极个别同学要由老师来安排，但无论是和谁成为同桌，都要有一个约定才行，只有这样我们才能共同进步，彼此都强大起来。

接下来请和自己亲爱的同桌一起撰写合约，老师会将你们的约定都保存起来，监督检查你们是否按合约履行。如果没有，则在三次协商解决无效后，判定你们的合作失败，由老师再安排座位。

【活动效果】

一、学生感想

信任："同桌招聘"这项活动，让我认识到和同学们互帮互助很重要，并且要足够了解同学，与同学建立友谊，这样才能够在各种活动中彼此互助，共同进步。

刘译禧：无论能不能找到一个自己理想的同桌，我们都要互相帮助、互相进步。如果我们每人都争取前进一小步，那么我们整个班的风貌也会前进一大步，加油！

罗佳欣：陈老师告诉我们，没有人是十全十美的，只有共同进步，才能变得更加优秀。大家都希望与同桌互相帮助，互相学习。在招聘启事发布不久，有4个未来的同桌来应聘，虽然我还不确定最终谁能成为我的同桌，但我相信，只要大家一起努力，我们会变得更好！

二、家长感想

周宸庆爸爸：希望他能努力改正自己的缺点，同时更加自信、更加主动地让大家看到自己的优点！

李家沛爸爸：佩服陈老师，想出"同桌招聘"这样的好办法！既解决了调换座位这个老大难，又让孩子们有机会反思自己、认识自己。希望孩子们在认识自己的基础上提高自己，也希望孩子们能学到老师的幽默、睿智、付出！谢谢陈老师！

王茗萱妈妈：一番招聘，看似热闹，其实也让孩子们领悟到很多。他们知道了自己的不足，懂得了要包容他人……谢谢老师的用心。通过活动，孩子们也懂得了只有自己更好，才会获得更多的自信和自尊。

【活动反思】

开展此次主题活动，既想让学生借助自己的体验正确认识自己的优缺点，积极主动地向他人学习，激发他们自信自强、追求美好的意识，也解决了班里的一个难题：换座位。之前本着互帮互助的原则，老师依据学生的性格特点、学习情况、生活习惯等情况来安排座位，无论是学生还是家长都不可能百分百满意，每次也都有不同的意见反馈。学生的自主意识初步形成，有一定的认知能力，坐在哪里不一定能做到人人满意，但是与谁坐还是可以让他们发挥的，因此有了此次的同桌招聘会。

出乎意料的是，学生的积极性很高，最终95%的学生都找到了自己的同桌，虽然不一定是自己的第一人选。学生在此次活动中，借助撰写广告、欣赏招聘广告、自主寻找等环节，学习到很多知识，特别是对品行、学习、习惯等三方面的认识都提高了，也激励他们不断强大自己，让自己更加闪亮，以期在以后的招聘中更有优势。

将学生写的招聘广告发到班级群中，让家长能够借此了解自己的孩子，有的孩子写招聘广告马虎应付，有的孩子认真幽默，有的孩子创意十足……家长借助这面镜子，更清晰地知道了孩子的情况，也减少了对孩子最终与谁成为同桌的意见，并能够更有针对性地引导。

招聘会分为上下两场，上半场为写广告、招聘，下半场为分享感受、撰写合约。实则还有重要的一部分为后续跟踪调查，活动举办完后再来回顾深觉以下地方可以改进。

其一，活动的前期宣传可以更到位。对于招聘大家都是初次尝试，未提前做更多的准备，如果有更多的"梯子"帮助，效果会更好，如准备一些招聘广告的材料，提供各种类型的招聘信息，以激发学生的创新意识，毕竟现场的讲解较为枯燥，虽有必备的要求与模板，但还是太简单了。

其二，后续对于没有招聘到满意的同桌的学生，老师要对其做好思想工作，也可以和家长进行适当的沟通，以免学生在此次活动中被激发起的自强意识转瞬即逝。而对于已经成为同桌，但未履约的学生，也必须做好指导工作，让他们知道问题所在并有所收获。甚至在一个月后（试用期结束），可以让学生进行一次回顾（以公开表扬和私下吐槽相结合的形式进行），把招聘同桌活动落到实处。

感恩在心，感恩在行

——六年级自强教育班级主题活动案例

广州市天河区龙口西小学　陈远春

【活动背景】

一、学生特点

六年级学生面临小升初的压力，每天埋首在作业堆中，回家还要面对爸妈的唠叨与说教，难免陷入对家长产生反感或抵触的不良情绪中。而在学校，他们又是一整天地上课、学习，停下来动手动脚又动脑的活动时间少之又少。

二、班级情况

班里的孩子虽已上六年级，但是单纯热情又不善于表达，对待老师的教导能够虚心接受，又常常不知如何用具体行动去表达，对待父母的付出也常觉得理所当然，小抱怨多而感恩行动少。

此前在"三八"妇女节，借助抽奖作业的形式，让孩子们向母亲表达谢意，并落实在行动上（抽奖作业具体为：将各种任务，如为母亲唱一首歌、给母亲按摩20分钟、帮母亲做一项家务等写在纸条上，让学生自行抽取，可与他人更换，然后回家完成，由父母进行简要的反馈）。而此次活动主要是借助母亲节的契机，以学生画合作手绘的形式，给学生提供展示自我的空间，给学生表达感恩的机会，培养学生的合作意识、创新意识、表达能力。

【活动目标】

1.通过课前调查、故事分享，引导学生以行动来表达对母亲的爱。

2. 借助思考讨论、故事分享的形式，启发学生体会母亲的辛苦、看见并理解母亲的爱。

3. 通过小组自由组合设计母亲节海报及撰写母亲节祝福小卡片，鼓励学生用心、用行动去表达感恩之意。

4. 通过活动整理与总结、活动后记分享，与家长共营温馨，肯定学生爱意，互促互进。

【活动主题】

感恩在心，感恩在行

【活动准备】

材料：爱心小卡片、大白纸、美术笔、相机。

【活动过程】

1. 活动小调查

各位同学，周日就是母亲节了。平时母亲照顾我们生活，关心我们学习，你可能嫌弃她唠叨，有时抱怨她过时，但是她总是默默地为我们付出。那么，在母亲节来临之际，我想知道大家会用什么特别的行动来表达对母亲的爱呢？（课堂上总计有18人表达想法）

1. 不知道有这个节日：1人。

2. 暂时没有想法：3人。

3. 做饭、请吃饭：4人。

4. 做贺卡、小挂件、手工：6人。

5. 买礼物：3人。

6. 做家务：1人。

二、母亲故事分享（刘杨杲妈妈来开家长会的故事）

在特别的节日里，通过调查老师知道好多同学都准备向妈妈表达自己微小而温暖的问候与祝福，知道你们有此心意，真心为你们点赞。

而在教你们的两年时间里，我也常常为一些同学的妈妈感动着。（详情

见附录《那位女家长》）

三、思考大发现

接下来，老师想考考你们的观察能力，你们发现当妈妈的女性与没有当妈妈的女性有什么不同呢？

亲爱的同学们，老师真为你们骄傲，能够有这么多自己的思考，虽不全面，但是眼中有观察，观察是开始，接着才会有体察、体谅，再而是关注、表达爱。

四、准妈妈吐槽

其实你们看到的都是当妈妈后的情况，但在你们出生之前，你们的妈妈已经经历了千辛万苦。陈老师作为一个准妈妈更有发言权，今天我要和你们吐槽一下怀孕的故事。（以下为分享内容节选）

1. 一大早去到医院排队抽血、验尿、做检查，好不容易排到了，领了试管，即使是一个不太害怕抽血的人，数着手里的10支试管也不禁心颤。

2. 自己睡在床上，半夜突然醒来，没有别的原因，原来是脚抽筋了。手变肿了，握起来都疼。脚也肿了，走路开始不方便了，鞋子穿着变挤了……

3. 去医院做血糖测试，前一天晚上10点后不能进食，一大早就去抽血，然后到医生处领一杯浓浓的糖水喝下，计时1小时后再抽血1次，2小时后再抽血1次，中间不能吃任何东西，医院人多声噪，简直让人崩溃……

五、感受爱，表达爱

（播放上一次活动录制的视频，视频内容为学生拿着作品送上祝福语）

各位同学，刚刚咱们通过调查了解了大家有用行动表达感恩的意愿，也知道每个妈妈都为自己的孩子付出许多。爱的表达可以是一句问候、一个拥抱、一个微笑、一个小物件……各有各的表达，各有各的精彩。

这次活动课咱们就以自己的行动、自己的创意向妈妈表达谢意吧！今天，我们既有个人活动也有小组活动。个人活动即为每人领取一张爱心小卡片，在上面写上祝福，并在母亲节那天送给妈妈。小组活动要求大家自由组成小组，由组长领取一张大白纸，大家用上各式美术用具来设计母亲节海报，要求人人参与。

六年级

【活动效果】

一、学生感想

刘家慧：我妈妈总是担心我，为我想得很多。为了我小升初的问题，特地转校过来。转过来后她又担心我不适应学校，和同学相处得不好……

梁钊铭：我妈妈总是特别容易生气，也挺辛苦的。有时候我的词语听写不会，妈妈上了一天班回家后还要给我听写，她真的挺不容易的。

邓昱：当妈妈的总是忙来忙去的，我妈妈也是老师，她在学校要照顾她的学生，回到家里还要照顾我和妹妹。两头都要照顾，真是累极了。

二、家长感想

张易薪妈妈：谢谢老师跟孩子们分享了将为人母的特别感受，相信对这些似大未大的孩子来说，会是非常难忘的回忆。老师，您辛苦了！即将体验另一种女性角色，一定会让您成为更好的老师，祝准妈妈节日快乐！

李雪菲妈妈：祝准妈妈节日快乐！感谢陈老师对孩子的教育，胖妞今晚把我推到客厅休息，自己独立掌厨做好饭菜给我们吃，好感动，谢谢老师！

刘译禧妈妈：怀孕最后这几个月最辛苦了，手肿脚肿，睡眠不好，之后可能还有耻骨痛。坚持就是胜利，愿陈老师平安健康，顺利！

【活动反思】

开展此次主题活动是在母亲节前，而自己准妈妈的角色，让我对母亲这一身份有了更深刻的体会。孩子们跟着我学习了近两年，相信他们眼中对一个生命从无到有带给人的变化有更近距离的观察，但观察并不等于理解，所以举办此次活动旨在让孩子们看见、理解，进而学会体谅、表达。

孩子们非常认真地参与活动，不管是写小卡片还是小组创作海报，他们都乐于参与，发挥创造力，同时这又是一种爱的表达。如此美好之事，他们不断地跟我说，老师再给我们一些时间，我们要做出更完美的作品。可见，他们用真切的情感认真去做。

妈妈们看见我分享到QQ群里的作品也纷纷欣赏孩子们的画作，同时我在群里特别地肯定了一些成绩并不优秀的同学，他们积极认真的模样给大家留下深刻的印象。活动过后，回想一下仍然有一股暖流涌上心头：建宇会特别努力地融入小组中，给大家拿材料；邓昱、智博利用橡皮泥捏出手工作品粘在海报上；茗萱骄傲而又认真地与组员做设计；雪菲对画作精益求精；家慧、艺柔因想把作品完成得更好，周六又来到学校进行完善……

不过这次活动也有一些遗憾，期待下次组织得更好：其一，活动需要较长时间，毕竟设计是耗时的事，学生至少需要两节课的时间来完成设计。活动时未注意，中间隔了一节课又进行的，孩子又要收作品，又要重新摆弄极费事。其二，海报制作后被张贴在教室门口，保护不周到，有所破坏。其三，因教师自身身体原因，并未拍摄活动视频，无法更好地传达孩子们的心意。其四，对母亲节的表达，可以听听妈妈们的看法。此次活动主要是引导孩子去表达，而对妈妈们的心声尚缺乏倾听。

意外的收获是孩子们对老师更理解了，家长也对老师的工作更体谅了。爱要说出来，而等一朵花开，需要许多的耐心与微笑。

 附

那位女家长

燥热的夏日傍晚，暑气未去，操场的地面上还是热气蒸腾，但是黑丫丫地坐了一群人。你猜是为何？这是正在召开本学期的家长会。

别说家长懊恼，我也是极懊恼的，下班了还不能归家，得直奔去家长会，与工作打了一天仗，自然是既疲倦又饥饿，对了我是班主任。

本次的家长会上半场聚集了全校区的各班家长听讲座，各班装载不下，自然挪居操场聆听讲座。

会前有位女家长给我留言："老师，到时候我能站着听吗？"我心中暗自嘀咕：有椅子不坐，站一个小时得多累啊。家长接着解释道："我昨天才从医院出来，胃病犯了，坐着比较难受，站着可以。"我一时释然了，忙宽心地说："既然如此，我让小志愿者给你搬张高点的凳子。"

家长会开始了，此家长坐在最后一排的高凳子上，腰挺得直直的，我忙活着，看向她的身影，挺瘦弱的一位女家长，虽然腰有伤，但也坚持坐着，见她一手扶着腰，略微地揉了揉，然后又挺直身子坐着。且看看其他腰并无恙的家长，倒不如她坐得端正。

过了一会儿，我又看向她，"咦，怎么人不见了？"只见一个身影匆匆往门外奔去，我心想："果然挨不住了，提前离场了吧？"鉴于她先前的解释，我倒是没什么意见。我在后面坐着，专家继续在发表着她的见解，时间又过了一会，那个身影居然又奔回来了，她拎着手提包，脚步匆匆，重新坐在凳子上，身姿挺拔，一如之前，之后也一直那样坐着直到会议结束。

会议的下半场移至教室，各位家长从楼下奔回五楼，坐在教室里聆听班主任和科任老师的叮嘱。我看了看，大家虽然都一脸疲倦的模样，但也都认真地听着。我偶然间放了一张孩子的照片，恰是那位女家长的儿子，只见她伸长脖子，认真地看着，还微笑着，似乎想记下我讲的所有言语。

夜渐深，会议终于结束，整场家长会开了两个多小时。大家陆续离场，我也开始收拾场地，此时又看到了那位家长的留言："陈老师辛苦了，今天太谢谢您帮我准备了大凳子。最近胃病影响了腰背，肋下疼痛，不能久坐，本想站着听，您竟然帮我准备大凳子，太细心了，万分感激。"一时，我倒是百味杂陈，不知这一场家长会下来她的精气神耗掉多少，不知她儿子知否他如此有幸，有如此关心他又有礼的妈妈，又不知天下有多少这样的可怜父母心。

这位家长不过是千千万万家长中的一个，以自己微小的言行在关爱着孩子，以自己微小的力量给孩子遮风挡雨，而又有多少孩子可能理所当然地接受着父母给予的一切温柔，却只记得批评的疾风。

我的生命，我要精彩

广州市天河区员村小学　郑晓军

【活动背景】

2017年教育部颁布的《中小学德育工作指南》在心理健康教育方面强调了"尊重生命"和"人生规划"在培养学生健全的人格、积极的心态和良好的个性心理品质中的重要性。因此，教师有必要通过具有启发意义的关于生命成长的活动，让每个学生认识生命、感悟生命，唤醒他们的生命意识，让他们初步认识生命的本质、生命的意义，进而唤醒他们对自我生命成长的关注，从而去主动设计美好的人生，促进他们的心灵健康成长。

【活动目标】

1. 了解与理解：通过活动了解生命的来之不易和独特。

2. 尝试与学会：能够感受到生命的独一无二，懂得珍爱生命，并学会以积极的心态面对成长过程中的挑战，绽放自己独特的精彩。

3. 体验与感悟：体验生命是一个不断成长、不断接受挑战的过程，有无限的可能性。

【活动主题】

我的生命，我要精彩

【活动背景】

调查发现，我校六年级个别学生口中存在"你怎么不去死""我想去死"这样无视生命的字眼，在学生的QQ空间里面能够看到有些同学转发对生命漠视的一些信息，这些都不得不引起心理健康教师的关注，我们的生命教育迫在眉睫。

【活动重难点】

感悟生命的独一无二，体验生命在不断成长和接受挑战中绽放自己的精彩。

【活动形式】

团体辅导、绘制地图、绘制生命树、讲故事。

【活动准备】

多媒体课件、画笔、"成长冒险岛"地图、"成长生命树"。

【活动过程】

表1 "我的生命，我要精彩"班级主题活动过程

教学环节	教学内容		教学意图
	教师	学生	
一、团体热身阶段	1. 导入。 2. 热身游戏开始。 3. 分享感受。 4. 小结：每一个生命都拥有无限的可能性，虽然一开始相差无几，但经过时间的洗礼，他们会绽放出让你意想不到的精彩。今天，我们的心灵之旅与生命有关，叫作"我的生命我要精彩"。	1. 出示双胞胎兄弟刚出生时的照片，并邀请同学们讲讲自己如何区分二人。 2. 体验掰手指活动，感受母亲生宝宝的痛。	热身活动1：听同学们的讲述，对比出生时的照片，认识到通过一步步成长，每个生命都显示出了自己的独一无二。 热身活动2：体验掰手指的疼痛，再由此体会到母亲生产时所承受的痛苦，加深学生对于生命来之不易的认知。

教学环节	教学内容		教学意图
	教师	学生	
二、团体转换阶段	1. 展示动画人物。（哪吒、孙悟空、猪八戒、沙和尚、喜羊羊……） 2. 你未来想要做一个像谁一样的人？ 3. 小结：其实，我们每一个人都是独一无二的，没有人可以替代。	1. 分组讨论喜欢的动画人物的特点，通过模拟角色展现出来，小组汇报。 2. 分享自己以后想做什么样的人及原因。	通过小组讨论、墙上角色的呈现，了解心目中未来的自己有什么特点，并进一步感知自己的生命是独一无二的。
三、团体工作阶段	1. 引导学生绘制"成长冒险岛"地图。 2. 出示规则： （1）4人一组，每组一张地图，一份冒险闯关贴纸。 （2）每个决定必须经过小组讨论，组员一致同意之后才能执行。 （3）认真阅读冒险岛闯关说明，将2张空白贴纸填写完整。 （4）将8张冒险岛闯关贴纸进行排序，全部贴在地图上即绘制完成。 （5）绘制时间：6分钟。 3. 引导学生绘制"成长生命树"。 4. 小结：这棵独特的"成长生命树"，让我看到了生命许多精彩的瞬间，这就是你们绽放生命精彩的证明。	（一）"成长冒险岛"地图 1. 小组讨论，合作绘制"成长冒险岛"地图。 2. 讨论并分享进退格表示的含义，以及在成长中的意义。 （二）"成长生命树" 1. 每个学生把自己从出生到现在最难忘的几个瞬间，用自己最喜爱的方式绘制在"成长生命树"上。 2. 交流与分享。	通过绘制"成长冒险岛"地图，感悟人生就像通关冒险岛之旅，是一个不断成长的过程，有时进格，有时退格，进格带给我们成功的喜悦，退格则激励我们努力进取。 通过绘制"成长生命树"，体验生命在不断成长和接受挑战中，绽放属于自己的精彩。

六年级

教学环节	教学内容		教学意图
	教师	学生	
四、团体结束阶段	小结： 人生充满了无限的可能性。愿独一无二的你，在人生的进格中成长，在退格中不惧挑战，让自己的生命凝聚爱的光芒，在挑战中成长得更加茁壮，时时刻刻充满希望，充满期待，让生命绽放属于自己独特的精彩，创造美好的未来。	1. 讲故事《生命的价值》。 2. 给未来的自己送祝福。 3. 合唱班歌《我相信》。	通过讲、听故事，承接上一个环节每个生命都有属于自己的精彩。通过送祝福，相信自己的未来有无限可能，时刻准备迎接未来生命中的希望与挑战。

【活动反思】

这个班级主题活动，选取了"生命教育"的主题，从观察班上的一对双胞胎开始，让学生初步感受每个生命都是独一无二的；在掰手指的热身活动中，体验母亲的生产之痛，感知生命来之不易；通过想象自己未来的样子，认识生命的独特性。在集体绘制"成长冒险岛"地图和个人绘制"成长生命树"两个环节中，学生感受生命是一个有进有退、不断成长的过程。最后欣赏完"生命的价值"的故事，学生为自己的未来送上美好的祝福，在歌曲中更加坚定相信自己未来会有无限可能，并时刻做好迎接挑战的准备。整个活动过程流畅自然，环环相扣，从身边同学切入，学生兴趣十足。活动中，有热闹的合作，更有个人的独立思考空间，动静结合，促进学生认真地思考关于自己生命的独特价值和可期的未来。唯一美中不足的是，活动时间不够充足，分享环节没能够覆盖全体学生，还有跃跃欲试的小组没能表达自己的想法，但是他们积极地参与过，思索过，畅想过。

心中怀美好，中秋送祝福

广州市天河区龙口西小学　陈远春

【活动背景】

对于孩子们来说，中秋节似乎只是一个节日，他们没有认识到节日寄托着我们美好的情感。如果让学生在最后一个集体共度的中秋节里拥有快乐的体验，留下美好的回忆，体会小组合作的快乐、与人分享的快乐，会是一次难得的体验。由此，我们组织了"心中怀美好，中秋送祝福"的班级家校合作活动。

【活动目标】

1. 借助资料收集，让孩子们充分感受传统节日中秋节的魅力。

2. 借助亲自动手实践，让孩子们体验节日里的快乐。

3. 借助为老师送去祝福，培养孩子们对他人的关爱。

4. 借助家长进课堂，让家长与孩子一起开展活动，融洽家校关系。

【活动主题】

心中怀美好，中秋送祝福

【活动时间和地点】

2018年9月21日于广州市天河区龙口西小学。

【活动对象】

广州市天河区龙口西小学六年级（8）班全体同学。

【活动组织和分工】

前期工作：家委代表及志愿者购置制作冰皮月饼的材料，拟定流程和注意事项。

后期工作：布置孩子们搜集中秋节的相关资料（故事、诗词等），让孩子们独立或合作完成手抄报，老师点评并张贴优秀作品，整理中秋节相关资料发至微信公众号以供再次学习。

【活动过程】

宣传组策划主题板报。

活动开始，主持人为班主任。

一、中秋知识之分享

主持人：小伙伴们，中秋节是我们国家的传统节日，对于中秋节你又知道多少呢？关于它的由来、庆祝方式或你与中秋的故事都可以谈一谈。

（学生分享）

主持人：大家的知识都很丰富，我们在分享中也得到了快乐。接下来让我们把快乐升级，一起来制作冰皮月饼吧！我们先分发材料，然后请家委代表为我们讲解如何制作，注意认真倾听哟！

（1）分发材料与用具（学生代表分发器具，家长代表分发材料）

（2）家长代表讲解冰皮月饼如何制作。

（3）分组制作月饼。

（4）月饼制作完成，进行包装。

（5）重新整理课桌，向家长们致谢。

主持人：看似小小的月饼，制作起来并不简单，从购买材料，到和面，再到制作完成，都不容易。接下来请个译禧妈妈跟我们分享制作月饼的故事。

听完分享，我们知道班级活动要想成功，每一步都离不开我们彼此间的亲密合作，而刚刚课桌椅的摆放、整理，以及制作月饼时的互帮互助同样如此。

接下来请同学们用热烈的掌声向所有的阿姨们致谢，同时把掌声送给认真的自己。

主持人：中秋的主题是团圆与祝福，今天家长与同学们、老师齐聚一堂，让我们一起来唱一曲有关中秋的歌，把我们的祝福借助歌声送给彼此。

（齐唱《明月几时有》）

二、送月饼，送祝福

（科代表把月饼送给各科任老师）

结束语：同学们，今天我们的活动很简单，就是大家一起做月饼，感受节日的气氛，再把祝福送给彼此。我们六年级（8）班，是相亲相爱的一家人，无论是大伙伴还是小伙伴，即使今后我们相隔千里，只要有心，在中秋佳节里，也可以千里共婵娟，心中常有爱。

【活动反思】

这次活动通过搜集资料、制作月饼、给老师送祝福、齐唱歌曲，大家真正参与进来，加深了对节日的印象。更为重要的是，融入活动中的还有老师的关爱、家长的付出、同学的合作、对老师的祝福，这些才是更为难能可贵的财富。

一节活动课下来，虽然很累，但若能让孩子们从活动中有所收获，何乐而不为呢！

与零食说Byebye

广州市天河区第一小学　欧莹

【活动背景】

每天放学后，在堵塞的校园门口，同学们"有滋有味"地啃着小摊上的炸鸡腿、煎火腿；中午时分，在拥挤的各小店门口，同学们津津有味地吃着薯片、棒棒冰……同学们随手丢下包装袋的现象屡见不鲜。学校内外地上果皮纸屑到处都是，楼梯口零食包装袋随风飘起。校园环境一直是令学校头疼的难题。针对这一现象，我思考：何不在班级就此问题开展一次班队活动？我的提议在班会课上通过。经全班同学讨论决定，此次活动的主题就定为"与零食说Byebye"。

【活动主题】

与零食说Byebye

【活动准备】

全班学生搜集整理各种各样的零食包装袋，对自己喜爱的零食进行了解。分好小组，在校园内外调查有关学生吃零食的现象并统计。

【活动对象】

小学六年级学生。

【活动过程】

一、搜集整理收获丰硕

这一活动一经老师布置下来，全班同学就开始行动起来。他们先是在家里搜集零食的包装袋，对家里的零食进行分门别类的整理，又通过向父母、长辈询问，查阅有关资料，甚至上网查询，了解、分析零食的危害，用表格的形式及时记录下来。同学们还走进超市、小店，观察街头小摊，掌握零食的具体种类及来源。同学们走出了家门，收获就更加多了。更重要的是，他们在学校利用课余时间进行细致的观察，发现有同学吃零食了，他们就会暗中调查该同学的零食的来源，并且关注他是怎样处理零食包装袋的。中午和放学是同学们吃零食最多的时段，同学们抓住这个有效时机进行分组调查，统计同学们选择怎样的零食，有多少同学天天吃零食，还有多少同学把零食当作主餐等。为了有效地参与这项活动，全班同学甚至去垃圾箱内捡拾垃圾，花费了很多的精力，但他们毫无怨言，不怕脏、不怕累地坚持着，他们觉得这样做是一件快乐、有意义的事！一个阶段下来，同学们搜集掌握了关于零食的各种资料，他们还特意把有关资料进行了编排，制作成剪贴本，收获颇丰！

二、成果展示振奋人心

通过一段时间的搜集、整理、统计，在全校师生面前，同学们上了一堂别开生面的班队成果展示课。在这堂课上，同学们把自己亲自搜集、整理的有关零食的资料进行了形式多样的展示。有的同学一边展示零食包装袋的剪贴本，一边解说，不但让大家知道了如今市面上流行的几款零食，更让大家明白了经常吃这些零食的后果。有的同学把自己打扮成零食的模样，自编自演小品，为了让大家了解一些零食的不正当生产途径及它的危害。还有的同学播放了自己拍摄的校园内垃圾的视频，分析垃圾的主要来源，呼吁大家与零食说再见，还校园以美丽！同学们自己策划、排练的节目，从不同侧面强调了零食的危害，动员大家积极行动起来——与零食说Byebye！

【活动效果】

1. 孩子们对零食有了新的认识，更深层次地体会到吃零食会给大家带来的负面影响，从而培养了孩子良好的生活行为习惯。

2. 全班参与活动，每个孩子在活动中都有收获，每个孩子都得到了不同程度的锻炼，他们的独立自主能力有了更大的提升。

3. 以点带面：主题班队课受到全校师生广泛好评，并以此带动了全校师生开展"拒绝零食"的活动。

【活动反思】

良好的行为习惯成就美好的人生。小学阶段正是学生行为习惯形成的重要时期，但学生良好习惯的形成，不是一蹴而就的，需要反复强化、巩固并内化为自觉行为。

一、善于捕捉信息

孩子的身边，无时无刻地发生着大大小小的事情，有些事情，在常人的眼里是那么平淡无奇，而你细细分析的话，就会发现它已经不知不觉地给学生、学校乃至社会造成了一定的影响。而限于学生的年龄、阅历、认知能力等，他们对于一些问题尚不能正确认识。因此，教师要善于捕捉孩子身边的信息，了解孩子对事物的关注程度，这样开展活动就容易达到理想的效果，从而真正促进孩子的成长。我们面对的是活生生的孩子，他们有主观能动性，有强烈的参与意识，有一定的明辨是非能力，有自己独立的思想，我们只有善于捕捉孩子身边的信息，才能使我们的活动走进孩子的心灵。

二、精心搭建舞台

要让孩子在活动中成长，教师就要精心为孩子搭建展示成果的舞台。在家中搜集资料，走进社会去调查，业余时间暗中观察，制作剪贴本，拍摄校园环境卫生录像，乃至自编自演节目，向师生汇报成果……孩子们都是全程参与，对此，教师要适时给孩子提供机会，给孩子一些有效的点拨，引导孩子顺利地开展活动。这样，孩子参与活动的积极性就会更强，社交能力、语言表达能力、团结协作能力都能得到提升，孩子在活动中也会有实质性的收获。

我的成长规划

广州市天河区员村小学　　冯纬怡

【活动背景】

改革开放以来，我国政府和相关教育部门先后颁布了《小学德育纲要》《爱国主义教育实施纲要》等文件，强调将爱国主义教育作为小学德育的重要内容。爱国主义教育是教育引导学生树立正确的国家观，增强爱国情感和民族精神的重要途径，是坚定学生对中国共产党的领导、社会主义制度、改革开放事业、全面建设小康社会目标的认同，为实现中华民族的伟大复兴而勤奋学习、建功立业的强大动力。2019年是中华人民共和国成立70周年，全国各地以各种不同的方式为祖国庆祝生日。借助这个契机，我们开展此次活动，通过感受家乡和祖国的变化，加强学生对祖国的认同感和爱国情感，从而体会到作为一个中国人的骄傲。

本班学生从一年级开始参与制订班级公约、制订个人学期目标、家庭劳动、"我与国旗合照"、参观爱国主义教育基地等活动，都有一定的爱国意识。但由于学生现在所处的生活环境比较优越，对爱国的理解不够深入，因此，需要通过对比现在和过去的生活变化、了解70年来中国的发展历程、制订个人成长规划等活动，让学生在参与、感受、体验中接受爱国主义教育，培育爱国主义情感，自觉履行爱国主义责任。

【活动目标】

1.通过调查、收集和归纳，对比现在和过去的家庭、家乡的生活变化，了解70年来祖国的发展历程，知道珍惜现在来之不易的美好生活，展望祖国的未来，激发民族自豪感。

2. 通过了解国家发展规划、展示名人成长经历、制订个人成长规划等形式，激发学生对祖国的热爱，从而树立自己的远大理想。

3. 让学生结合自身实际，深刻体会生活的美好、祖国的繁荣发展，为身为中国人而自豪，培养学生的爱国情感。

【活动主题】

我的成长规划

【活动时间和地点】

2019年10月16日于广州市天河区员村小学。

【活动对象】

广州市天河区员村小学六年级（5）班全体同学。

【活动组织与分工】

前期工作：主讲教师设计活动流程；学生在课余时间通过查询资料、调查、采访等形式，了解家庭、家乡的生活变化。

后期跟进：学生与父母交流生活的变化，感受家庭的生活水平逐步提高。学生初步制订自己的成长规划，并与老师、家长、同学分享，培养爱国情感，树立远大理想。

【活动过程】

一、活动开始

主持人：冯老师，感受生活的美好。

1. 回顾70年来祖国的发展历程，观看《祖国发展历程变化》的视频

主持人：国庆期间大家有没有看阅兵表演呢？看过的同学请举手。看了阅兵式，你有什么感受呢？（学生谈感受）

主持人：阅兵式展示了祖国70年来的军事力量发展，而祖国的方方面面都有巨大的变化，现在就让我们一起来回顾一下。（播放视频）

通过观看视频，学生了解到国家的政治、科技、体育等方面在不断发展，进而激发学生对国家的自豪感和爱国情感，让学生在充满热情的氛围中学习。

2. 展示广州70年来发展变化的图片，让学生结合家乡的变化谈感受

主持人：我看到你们的心情都很激动。刚刚我们看到的是祖国的发展，接下来我们把目光聚焦到我们这座城市。谁知道广州70年来有哪些变化呢？

老师展示一些广州70年来发展变化的图片，让学生从广州这个城市的角度来认识国家发展所带来的变化。学生谈感受后紧接着谈论自己家乡的变化，先以小组的形式进行分享，再派代表来跟全班分享，逐步激发学生对祖国的认同感，引发学生的思考。

二、出示国家规划时间轴

主持人：同学们，国家的发展不是一蹴而就的，需要规划，有计划、有步骤地逐步推进。

老师出示国家"第一个五年计划""第十个五年计划""第十三个五年计划"三个阶段的方向和目标的图片，让学生明白国家也是有计划、有步骤地发展起来。同时让学生把个人的成长与祖国的发展相融合，从而引发学生对人生目标的思考。

三、楷模示范，名人成长成就经历展示

老师接着从袁隆平、季羡林、邓稼先的成长经历出发，让学生明白不但我们国家发展有计划，很多人的成长也是有计划、有步骤的，从而帮助学生理解人生需要有目标、有计划地努力推进，才能实现最终理想。

四、修改个人成长规划，小组讨论

主持人：每个人都要为自己的祖国奉献力量，就好像这三位伟大的人物一样。现在我们已经是六年级的学生了，即将升入高一级的学校学习新的本领，你又会怎样计划你的未来呢？课前老师让大家写了一份成长规划，下面就请大家把自己的成长规划拿出来，结合你刚才所学到的国家规划、伟人的

成长经历，再对自己的成长规划进行修改。小组可以讨论交流，让组员给你提供一些建议。

老师让学生拿出课前自己准备的个人成长规划，先让同学之间互相分享。学生在讨论的过程中，有的会结合自己升入初中后的学习目标来制订，有的会结合生活劳动能力方面来制订，有的会结合自己的优点和缺点来制定……老师和学生都可以给自己提出个人成长规划的建议，不断完善个人规划，这不仅可以让学生畅所欲言，还能让学生明确今后努力的方向，树立人生理想、目标，从身边的点滴做起，表达对祖国的热爱。

五、总结提升，激发爱国情怀

1. 结束语：同学们，热爱祖国，不是一句口号，它更多体现在我们的日常生活中。我们要从生活点滴做起，勇于承担，敢于担当，在不同的成长阶段，有目标、有计划地学好本领，为实现中华民族伟大复兴的中国梦贡献力量。未来是美好的，希望你们努力学习，刻苦锻炼，掌握科学文化知识，把明天的祖国建设得更加繁荣富强！让我们用歌声唱来表达对祖国的热爱。

2. 学生齐唱《我和我的祖国》。此环节主要是学生合唱《我和我的祖国》，通过歌曲进一步激发学生的爱国情感，增强学生对祖国的认同感。

【活动效果】

学生感想：

罗梓萌：通过这堂课的学习，我对自己的目标和未来有了更多的理解。"未来"这个词曾经对我而言是陌生的，现在对我来说，又有了一层新的认识。未来是未知的，是充满冒险的，但只要我们有计划、有决心，就可以改变自己的未来。人生规划里，我们可以将人生分为几部分，每一小步定一个小目标，逐步实现自己的理想。

彭徕：在这节课中，我深深感受到祖国巨大的变化，也学会对自己的成长做规划，明确了自己未来的目标，找到了自己努力的方向。只要我们找到正确的方向，坚持不懈地朝着目标前进，就一定能实现梦想。

李紫睿：在这堂课中，我制定了自己的成长规划，也听了很多同学的分享，感受到了大家对未来充满憧憬。我明白，在我们一步步完成目标的过程中，要积极努力，不能三分钟热度。遇到困难，不要退缩，而要永不言弃，乐观迎接未来。

邓睿琳：通过这节课的学习，我明确了未来的目标。我的目标是在下学期开学前提高自己的学习效率，所以至今我都在为此努力。一旦有了目标，就要制订详细的计划并认真执行，对自己的未来负责。

黄予丹：看了70年来祖国的变化，我十分感动，也感到特别骄傲。我开始对自己的生活进行规划和总结，争取未来为祖国贡献自己的力量。生活其实很美好，我们也要为了自己的梦想，每天努力一点，那样就会离梦想越来越近。

【活动反思】

我们开展的以"我的成长规划"为主题的班会活动，主要是让学生了解70年来祖国的发展历程，增强学生的民族自豪感，加强爱国主义教育。学生在活动过程中不仅了解了家庭、家乡的变化，还结合自身的成长经历做出了规划。对于即将升入中学的学生来说，既可以明确未来的学习目标，又可以加深对爱国主义教育的理解，从而培养爱国主义情感，积极履行爱国责任。

学生通过调查、采访、制定表格等形式，了解身边的变化，并根据时代的变化，制订个人成长规划。国家的发展离不开每一个人的努力，而我们小学生要表达爱国情感应该体现在生活点滴当中，在不同的阶段，有目标、有计划地进行，让自己不断进步，努力奉献自己的力量。学生在这一活动中对个人成长规划也有了一定的认识，对生活、学习的目标也有了较为明确的方向。

在这次的活动中，不但我有了新的收获，学生也更加懂得如何去表达自己的爱国之情。虽然现在他们还是小学生，处于祖国蒸蒸日上、繁荣发展的时期，但他们懂得如何表达自己的爱国之情，那就是做一个有计划、有目标、有理想的人，一步一步强大起来，为祖国繁荣昌盛而努力奋斗。

六年级

我和祖国共成长

广州市天河区南国学校　陈桃源

【活动背景】

"新中国成立70周年"的庆祝活动在班里引起了很大的反响，特别是国庆阅兵，孩子们观看后很感兴趣，经常聚在一起讨论整齐有序的分列式方阵或者一些重型武器，能感受到孩子们是由衷地为祖国的强大感到自豪和骄傲。如何将这种自豪与骄傲进行深层次的固化，并由此激发孩子们的责任感与使命感，产生与祖国共成长的愿望，从而立下好好学习的志向，是我们需要思考的问题。由此，班级开展"我和祖国共成长"主题活动显得尤为重要。

【活动目标】

通过阅读资料、观看视频、交流分享等方式，了解国家建设取得的伟大成就，产生自豪感和使命感，并产生与祖国共同成长的愿望，立下好好学习的志向。

【活动时间和地点】

2019年10月18日，广州市南国学校小学部六年级（2）班教室。

【参与对象】

六年级（2）班家长代表与学生。

【活动准备】

1. 学生：收集资料，准备主持稿，我为祖国敬队礼等。
2. 家长：收集资料。
3. 老师：准备PPT、视频和音频等。

【活动过程】

一、我见证祖国的成长

（一）交流分享

主持人1：家长们、老师们、同学们，你们好！由衷地感谢你们来参加今天的班级活动。今天我们班级活动的主题是——我和祖国共成长。

主持人2：新中国成立以来，我国的各项经济指标高速增长，在农业、交通、教育等领域都取得了令人瞩目的成就。

主持人1：2008年，第29届夏季奥运会在北京成功举办，中华民族实现了举办奥运会的百年梦想。

主持人2：2016年，中国女排在巴西里约热内卢举办的奥运会上夺得冠军。决赛真是太紧张刺激了，中国女排胜利的那一刻，我激动得跳了起来。女排姐姐真是太棒了！我为她们感到骄傲！

师：是啊，中华民族是智慧、勤劳、勇敢的民族，中国社会主义建设的成就举世瞩目，结合你们所收集到的资料或者亲身经历，说说哪些事情让你体会到作为中国人的自豪。

（小组交流）

师：谁来分享一下？

生1：我收集的资料显示，我国的"蛟龙号"载人潜水器成功突破5000米深度。"蛟龙"号载人潜水器5000米级海试成功，标志着我国具备了到达全球70%以上海洋深处进行作业的能力。身为中国人，我深感骄傲。

生2：我有亲身经历。去年暑假我和妈妈出国旅行，有一天我和妈妈拿着国旗走在街道上时，有个叔叔对我们的国旗伸出了大拇指，而且在很多时候，国外的人们很尊重我们。这样的平等尊重，让我们切身感受到，我们的身后有个强大的后盾，那就是我们的祖国。

生3：我们的祖国也曾落后挨打，是无数爱国志士为民族复兴、国家富强做出了贡献。我最敬佩的是钱学森。钱学森说过一句让我很感动的话："我在美国前三四年是学习，后十几年是工作，所有这一切都在做准备，为了回到祖国后能为人民做点事——因为我是中国人。"

……

（二）观看视频《中国十大工程》

主持人1：身为中国人，值得我们骄傲的事远远不止这些！我们伟大的祖国还有震撼世界的十大工程，让我们看一看。

（学生观看视频）

师小结：此时此刻，我只想说：我骄傲，我是中国人。让我们一起读：我骄傲，我是中国人。（出示课件，师生一起读）

（三）朗诵诗歌《我骄傲，我是中国人》

主持人1：让我们一起朗诵王怀仁先生的《我骄傲：我是中国人》（播放诗歌朗诵）

（学生与老师、家长一起朗诵《我骄傲，我是中国人》）

二、我和祖国共成长

（一）我们的使命与计划

主持人1：刚才，我们见证了新中国成立以来取得的令人瞩目的成就。同学们，这些成就的取得离不开每个中国人的努力。作为中国人，为中国富强、民族复兴做出自己的贡献，是我们的使命。

支持人2：作为青少年的我们，肩负着怎样的使命呢？请以小组为单位，拟定一份成长计划，请家长和小组的同学一起商量拟定，小组成员可以互相给予对方建议。（学生自拟成长规划）

主持人1：谁来分享一下自己的成长计划？

生1：二十年后的我，应该是一名优秀的人民教师了。为了这个理想，我要考的大学是北京师范大学。我现在很努力学习，每一科的成绩都很不错，但在体育方面有所欠缺，我的具体计划就是加强体育锻炼，让自己拥有健康的体魄。

主持人2：谁给她的计划提一点建议？

生2：我觉得她的计划很好。也许有的同学觉得教师这个职业很平凡，其实在平凡的岗位上贡献自己的力量，我觉得也是报效祖国的一种方式。而且她现在已经很优秀了，我相信她一定能实现自己的梦想。

主持人1：让我们继续分享。

生3：二十年后的我已经是一名军人了。是的，我要从军，因为我的爸爸和爷爷都是军人，我从他们的身上学习到了军人的精神，我也很崇敬军人。我的理想大学是国防科技大学，我现在已经在加强各方面的素质训练，争取以最好的状态加入军队。

……

（二）朗诵《少年中国说》

主持人1：同学们的计划拟定得都很好，明晰了现状，也展望了未来，假以时日，我们一定能成为祖国的栋梁之材。

支持人2：梁启超的《少年中国说》说到，少年强则国强，少年智则国智，少年独立则国独立。让我们齐诵，请张馨瑜同学上台领诵。

（张馨瑜领诵，其他同学齐诵《少年中国说》）

三、齐歌唱，情升华

主持人1：最后，让我们一起唱一首歌，将我们对祖国的爱和我们心中的使命唱出来吧。

（播放歌曲《少年少年祖国的春天》，生齐唱）

主持人2：本次主题活动到此结束，感谢家长们的参与，感谢同学们的精彩表现。

师：希望同学们牢记使命，为祖国的繁荣昌盛而奋斗！加油！

【活动效果】

一、学生感言

吕卓彦：这次的主题活动让我对祖国的了解更进一步。蛟龙入海，我们能探索海洋。C919飞机成功飞翔，标志着我国飞机制造技术又进了一步。还有贵州的"天眼"，这是目前为止全世界最大的射电望远镜，能帮助我们更深入地了解宇宙。还有我们的桥梁、建筑，有多少世界之最呀！

祖国的成就是我们的骄傲，祖国在成长，我们也在成长，祖国在变化，我们也在变化。一年级害羞的我，现在已经变得开朗大方。在这六年里，我也学到很多知识。继续努力吧！长大后我要建设祖国，让我们的祖国更加强大！

蓝方妤：在"我和祖国共成长"的主题活动中，我深深地为祖国感到自豪和骄傲。祖国在不断地发展，越来越强大。我看到了祖国方方面面取得的伟大成就，特别是2008年8月在北京举行的奥运会上，中国的运动员夺得许多奖牌，我们为他们夺得的每一枚奖牌而感到骄傲！其实我是一个"奥运宝宝"，我是在2008年8月18日出生的。祖国在成长，我也和祖国一起成长。我要好好学习，天天向上，做一个德智体美劳全面发展的阳光少年，长大后为祖国争光！

二、家长感言

高逸辰爸爸：这次班级组织的"我和祖国共成长"的自强主题教育活动可谓恰逢其时，也非常成功。一是今年（2019）正值新中国成立70周年，确实应该让孩子深刻认识祖国70年的发展成就，这种以观看视频的方式了解祖国的建设成就更能给孩子们直观的印象，也更能激发孩子的自豪感和使命感；二是我们的孩子正值树立正确的三观的关键时期，自强应该成为孩子们人生观的一个主题，将"自强"化为行动的意愿能起到奠基人生观的作用。在这次主题活动中，孩子们有以下收获：

（1）他们认识到自己能有现在这样好的学习、生活条件看上去是学校、家庭给予的，实际上归根结底是强大的祖国给予我们的。

（2）他们认识到有这样好的条件并不是轻而易举得来的，更不是理所应当得来的，而是无数革命先烈和建设者用生命和血汗换来的，来之不易。

（3）他们认识到自己将来也会成为祖国的建设者，也要为伟大祖国贡献自己的力量。如果自己不能自强，不仅自己实现不了自身价值，祖国的建设也会因此受到影响。

没有强大的祖国就没有个人美好的生活，没有个人的不懈努力，就没有更加强大的祖国，强大的祖国是我们美好生活的坚强后盾，自强的我们是祖国得以继续强大的有力保证！

叶丰睿妈妈：今年（2019）恰逢新中国成立70周年，无论是在学校、办公大楼，还是大街小巷，到处都飘扬着五星红旗，举国上下，处处弥漫着喜庆的氛围。班级更是组织了"我和祖国共成长"的主题活动，邀请我们家长一起参加。参加完这次活动，我的心情久久不能平静，深刻地感受到这种主题活动开展的必要性和重要性。

在活动中，我们和孩子们一起观看了视频，视频讲述了让五星红旗高高飘扬而不懈奋斗的动人故事。我们和孩子们一起交流和聆听，我们一起见证了伟大祖国的发展历程……我感受到了，孩子们也必然感受到现在和平幸福生活来之不易。从孩子们的脸上，我看到了自强奋发的决心。当我们一起拟定计划时，孩子脸上的笑容告诉我，他会努力长大，学会自强，因为他知道"少年强则国强"。

我喜欢这样的主题活动，希望班级多开展这样的活动，这是对孩子进行品格教育的重要一环。

潘晓禚妈妈：有幸参加了班级组织的"我和祖国共成长"的活动，老师说，因为我们家长的参与，孩子们才会表现如此好，我们很高兴。

这次主题活动使孩子们的心灵受到强烈的震撼，他们无比深刻地感受到国家的日益强大以及有幸作为中华儿女那种热血澎湃的自豪。有了这些感受，孩子们更加自发地珍惜现在，奋发图强，从身边的小事做起，立志为把祖国建设得更加强盛付出自己的一份努力。

家校合作是永恒的主题，希望学校能多开展这样的活动。

【活动反思】

习近平总书记说过，要为孩子扣好人生第一粒扣子。叶圣陶老先生也说过，小学教育的价值，就在于打定小学生一辈子有真实、明确的人生观的根基。由此，进行自强教育的重要性不言而喻。从这个意义上来说，今天的主题活动"我和祖国共成长"开展得非常有意义。

这次活动以活泼生动的方式开展，活动形式有交流分享，有视频和音频资料，还邀请了家长参与。孩子们时而阅读资料，时而侃侃而谈，时而激情朗诵，时而激烈讨论……整个活动中，看得出孩子们都很投入，产生了与祖国共成长的愿望，立下了好好学习的志向，活动目标达成度较好。

我爱我自己

广州市天河区员村小学　郑晓军

【活动背景】

青春期对于六年级学生而言，既是身体发育表征明显的典型生理阶段，又是自我意识萌发和增强，以及心理开始走向成熟的重要阶段。埃里克森的心理发展观认为，个体在青少年时期面临的主要问题和困惑是自我同一性混乱。自我同一性混乱在这一阶段的表现就是孩子们快速成长，既兴奋又常会对在不同情境下究竟如何表现自己感到疑惑不解、摇摆不定，进而产生自我怀疑，需要得到父母、教师和成人社会的更多关注、引领和帮助，尝试找到自己真正的定位。因此，引导六年级学生正确认识自己、悦纳自我，帮助他们形成健康的个性与心理具有十分重要的意义。

【活动目标】

1. 认知目标：引导学生正确地认识自我，真正了解自我、悦纳自我。

2. 技能目标：引导学生学会欣赏自己，感受自我欣赏和被他人欣赏的快乐，找到更好的自己。

3. 情感目标：感受生命的精彩和生活的无限可能性，增强自信。

【活动主题】

我爱我自己

【活动对象】

小学六年级的学生已经开始步入青春期。在此阶段，学生对于自己的快速成长既兴奋也感到困惑或恐惧，希望得到家长、老师关注的同时，又希望脱离家长、老师的管束与控制。他们的情绪容易受外界影响，学业的繁重让他们焦躁，电子产品的诱惑让他们迷失，家长的管束让他们压抑……由此导致了自我认识不全面、不客观、自卑等问题。成长的需求驱使他们希望更加全面地了解自己、悦纳自己。因此，教师应尽可能地帮助他们正确认识自己，悦纳自己，促进他们健康成长。

【活动准备】

1. 每个学生准备画纸和笔。

2. 搜索并下载《无臂达人刘伟弹钢琴》的视频及励志歌曲。

3. 教师制作多媒体课件。

【活动过程】

表1 "我爱我自己"班级主题活动过程

教学环节	教学内容		教学意图
	教师	学生	
一、导入课题，认识自我	1. 你心目中的自己是怎样的？	用任意的形式画出自己（写实、抽象、动漫都可以）。	通过画自画像和分享交流活动，引导学生从自身的角度认识自己。
	2. 拿出画纸画一幅自画像。	分享自画像，说说为什么这样画自己，同时回答同学的质疑。	
	3. 分享交流。		
	4. 小结：我们每一个人都是特别的，都是独一无二的，我们要好好认识自己，大声说出"我爱我自己"。		

六年级

教学环节	教学内容		教学意图
	教师	学生	
二、感知与体会，了解自我	1. 分小组进行"优点大轰炸"环节：填写表格"自己眼中的我"和"同学眼中的我"。	填写表格，写下自己的优点并与小组同学交换再写下同学的优点。	本环节承接上一环节，通过引导学生写出自己的优缺点和了解别人眼中的自己，让学生更加全面地认识自我、了解自我。
	2. 从另一个角度看自己，写下你的缺点，并对照"别人眼中的我"谈谈感受。	继续完成表格，写下自己的缺点。	
	3. 分享交流。	谈自己的感受。	
	4. 小结：人无完人，活在世上的每一个人都不可能十全十美，我们都不是圣人，都有优点和缺点，我们要正确认识自己、了解自己。		
三、观察与反思，悦纳自我	1. 自身的优点让我们愉悦，自身的缺点让我们烦恼，我们该如何面对自己的缺点呢？		通过观看视频中的"无臂男孩"出色地完成钢琴的弹奏，引导学生认识到不能让缺点成为自己成长路上的绊脚石，并认识到即使有缺点也可以活得很精彩，学会悦纳自己。
	2. 看视频：《无臂达人刘伟弹钢琴》。	看视频。	
	3. 谈谈你的感受。	谈感受、体会。	
	4. 结合视频，谈谈你对缺点的新看法。		
	5. 小结：我们要直面自己的缺点，正确看待自己，不能让缺点成为自己成长路上的绊脚石，正如视频当中的"无臂男孩"，即使有缺点也可以活得很精彩，我们要学会悦纳自己。		
四、激励与思考，做更好的自己	1. 我们认识了自己、了解了自己，今后我们该如何做更好的自己呢？	制订计划（通过什么途径，如何努力做更好的自己）	通过制订计划，引导学生有目的、有计划地遇见更好的自己，设想自己生命的精彩。
	2. 分享交流。	交流自己的计划。	
	3. 小结：朝着自己的目标去努力，更好的自己正在成长路上的前方等着你。		

教学环节	教学内容		教学意图
	教师	学生	
五、总结提升	小结：我们每个人都不是完美的，都有缺点，但人生充满了无限的可能性，我们只有欣赏自己、爱自己，才能让自己的生命变得更加精彩。希望同学们像歌词中所说的"天天向上散发着光，一起温暖欢笑飞扬"那样，扬起自信的风帆，继续微笑远航。	听歌曲《天天向上》激励自己。	让学生在欢快的音乐中悦纳自己，增强内心的力量。

【活动反思】

本次班级活动是根据班级学生的年龄及心理特点进行选题、设计的。活动形式多样，有深化自我认识的自画像活动，有激动人心的优点大轰炸，有励志的歌曲、视频让学生直观感受，有观看视频后的深刻反思与热烈自由的分享交流。通过这一系列体验、分享活动的安排与呈现，最终达到让学生学会欣赏自己、悦纳自我，感受生命的精彩和生活有无限可能，增强自信的目的。

通过这次活动，学生全面地认识了自己，了解了自己，也懂得了如何去爱自己。不足之处是活动时间安排得不够合理，分享环节主要是让小组分享、交流，没能让更多的同学在全班同学面前分享自己的感受与体会。

六年级

215

我的零用钱我做主

广州市天河区龙口西小学　邹丹

【活动背景】

本次班会主要是围绕"理财"话题，融入生本理念，并整合了六年级上册品德与社会课程"说说零用钱"而成，旨在使学生认识零用钱，做到合理利用零用钱，培养学生良好的消费习惯，践行节约精神，从而付诸合理的消费行为。预期他们在今后的实际生活中会有计划地安排和使用零用钱，养成节俭的美德。

六年级的学生已经形成初步的是非观念，他们有自己的独立见解，在生活中开始关注一些社会现象，但他们的意志仍较为薄弱，见解也易受外界影响而发生变化。有些学生对零用钱还不知道合理、有计划地使用。随着人们生活水平的不断提高，学生手中的零用钱也越来越多，再加上家长没有给予孩子合理消费的引导，使孩子在消费上存在许多问题：不知道自己真正需要什么，人有我有，盲目消费。有些同学把钱花在买零食上，乱吃多吃，造成肥胖。甚至有的同学在为了满足提前享受而透支消费。这些现象为我们的教育提出了一个严峻的问题：必须引导学生学会合理消费，养成良好的消费习惯。这也成了本次班会的主要任务。

【活动目标】

1. 通过家庭账本以及课前零用钱小调查，让学生认识零用钱的实际意义。

2.通过小组研讨成果的汇报，促使学生反思自己的消费行为，从而改善日常不当的消费行为，并能够做好计划合理使用零用钱。

3.通过讨论交流，引导学生学会理财方法，培养学生良好的消费习惯。

【活动主题】

我的零用钱我做主

【活动准备】

小组分主题研讨，分组展示。准备好PPT、主持人主持稿等。

【活动过程】

表1 "我的零用钱我做主"班级主题活动过程

环节	教师活动预设	学生活动预设	设计意图
一、班长汇报课前调查	1.谈谈家庭账本。观察账本。 2.班长介绍零用钱小调查。发现规律。		以谈话的形式唤起学生的生活记忆，让学生感受理财、节俭的重要性。
二、分小组展示：零用钱使用秘籍研究成果	1.班主任布置小组汇报研讨成果的任务并说明要求。 2.班主任小结小组汇报的情况，并梳理板书。	6个学习小组分组展示研讨成果，得出6个锦囊，预设有以下三方面： （1）花钱有招； （2）存钱有方； （3）赚钱有道。 每组在5分钟内完成讲授、板书等任务，分工必须明确。	体现生本理念课堂，所有的事项都由学生自己来总结得出。此环节完全由小组自主进行。
三、拓展：同一片天空，分享成为心灵小富翁	1.播放视频：《山那边的孩子》。 2.头脑风暴：日常零用钱我们还可以怎么用呢？	观看视频，获得感悟——零用钱还能捐赠他人。 归纳：懂得分享捐助。	通过观看视频，引导学生看到生活的另一面，引发学生更强烈的情感共鸣，对其道德认识形成有关键作用

六年级

217

续 表

环节	教师活动预设	学生活动预设	设计意图
四、小结延伸：未来的计划	1. 总结课堂，整理板书。 2. 布置任务：课后，请完成教材24页的表格并与父母一起商量，制订详细的理财计划，然后与父母签署理财小合同，走上合理理财之路吧！		有效的延伸才能提升学生道德认知水平。

【活动反思】

　　随着人们生活水平不断提高，同学们的零用钱越来越多，有的家长甚至用金钱代替了对孩子的关心、教育。而本班家长，往往又存在"缺什么也不能缺了孩子的零用钱"的心理，再加上商家为了促销商品，不断迎合孩子的心理，这就造成相当一部分学生手中有了钱就无节制、无计划地花，由此形成许多不良行为习惯，如乱吃零食至胖、乱买玩具等。这也给学生良好行为习惯的形成和学校、班级的管理带来了很大的负面影响。因此，提出合理使用零用钱的问题是重要且必要的。

　　本次班级活动主要围绕"理财"话题，融合了六年级上册品德与社会课程"说说零用钱"以及综合科相关课程而开展。通过本次班会，学生内心产生震动，从而提升了道德认知水平，认识到要合理使用零用钱，培养自己良好的消费习惯，践行节约精神，从而付诸合理的消费行为。有的学生还制订了在今后的实际生活中有计划地安排和使用零用钱的目标。

表2　课前"我的零用钱我做主"小组学习清单及分工表

锦囊	总结方法	小组	经过调查，举具体例子	我们小组展示成果方式	PPT页	板书内容
花钱有招						
存钱有方						
赚钱有道						

表3　小组成员研究分工表

小组	收集资料	制作课件	板书员	讲解员	操作员	展示员

（注意：每组讲述时间大约为5分钟，可以搭配提问、游戏等方式进行讲述）

表4　小组分享内容

锦囊	总结方法	小组	经过调查，举具体例子	小组展示成果	PPT页	板书内容
花钱有招	货比三家批发市场购买合理不浪费	卓然	1. 圆珠笔在不同地方购买的价格：推荐在批发市场、网上购买。2. 刻录光盘送人：教会同学们购买和自己刻录等方法。	猜一猜：提醒同学们每次要适量购买，别贪心多买	大概8张	货比三家批发市场合理购物
	反季节购买	雅晴	1. 棉鞋或者棉衣在夏天购买的价格 2. 泳衣等在冬天购买的价格	选择题：提示同学们可以在打折季购买	大概3张	反季促销打折入手

锦囊	总结方法	小组	经过调查，举具体例子	小组展示成果	PPT页	板书内容
存钱有方	器皿存储储蓄卡等	穗琳	1. 介绍各种各样的存钱罐、储蓄的方法 2. 分享组员自己的存钱心得，如果有开通了银行卡的同学可以介绍开卡过程（最好演示步骤）	知识讲解（介绍怎么开通银行卡）	大概5张	储存有地储蓄用卡
	委托理财	茂华	1. 委托父母理财 2. 双方签订合同	合同分享	2张，1张展示合同格式，1张展示例子	委托理财签订合同
赚钱有道	跳蚤市场	立宏	最好以一些实际图片说明（四年级时举办的义卖活动） 告知一些卖东西的方法、小技巧	图片分享	3张	跳蚤市场买卖技巧
	断舍离	韵雅	介绍什么是断舍离 介绍如何收拾整理自己的物品	图片演示分享，建立微信群，大家一起实践	3张	断舍离循环使用

宁静校园在行动

——校园内外噪声问题的调查与研究

广州市天河区员村小学　熊维

【活动背景】

噪声对于正处在生长发育阶段的儿童来说危害甚大。医学研究表明，经常处在嘈杂环境中的儿童不仅听力受损，智力发展也会受到影响。而长期处在噪声环境中的学生容易引发烦躁不安、记忆力衰退、精力不集中等问题。

我们希望通过这次调查学校及周边的噪声问题，对所测噪声源进行分类、划定等级，从而找到控制或减少校园噪声的方法和途径，并帮助全校同学树立"校园小主人"和保护环境的意识，培养同学们的良好行为习惯和科学素质。

【活动目标】

一、活动时间的选择

集中活动时间主要安排在每周一下午的兴趣课，这正好与第二课堂的活动宗旨相吻合，也不会对学生正常上课造成太大的影响。在这一时间主要是进行资料的整理和交流，以及指导老师带我们外出测试等。分组活动时间定在早晨回校后、课间、午饭后等，主要是进行校内数据的搜集。

二、活动地点

活动地点主要分校内和校外：校内选取操场、走廊、生物园等有代表性的地方；校外选取社区、主干道等，这些都是学校周边具有代表性的地点。

三、知识技能

本次活动需要用到声级计，学习它的使用方法对学生来说应该不是难事。另外在整理、分析数据时，需要用到电脑知识，对此学生也能在老师的指导下自主开展。

【活动过程】

根据上课时间的安排和学校的实际情况，我们的活动内容分为四大部分，时间大约需要一个月，每周进行一个主题。其中，实地调查活动跨越了三个阶段：

准备阶段：实验仪器的准备

指导老师帮我们从广州市环科所借来声级计，为下一步活动的开展做好硬件上的准备。

第一阶段：专业知识学习——噪声的危害与防治

通过上网和查阅资料，我们初步掌握了与本活动有关的专业知识，为接下来的数据测量、数据整理及分析等环节做好铺垫。

重点解决以下问题：

（1）什么是噪声？

（2）噪声怎么产生的？

（3）噪声对人们有什么影响？

（4）如何减少噪声的产生？

第二阶段：开题研究——寻找身边的噪声源

学校除了有琅琅书声外，本是个十分静谧的场所。我们发现不少同学并不了解噪声污染的危害，使得大家平时的学习生活与噪声源紧贴，严重影响日常教学。我们希望通过本次调查研究，帮助大家了解学校的噪声源，探讨噪声的防治，希望能为学校处理相关问题提供一些建议，还师生一个宁静、健康的学习环境。

活动步骤：

（一）分　组

共选出8个同学参与实地调查，4人一组，每组选出一个组长，整个调查活动全程由组长对本组活动的开展负责。

（二）教师指导：校园噪声的测定

1.介绍声级计的使用方法。

2.确定测量时间及地点。

我们可利用课间、课余时间对学校内的噪声进行定时、定点测定。测定时间分为每天进校后、上课中、课间休息、课后活动和放学后五个时间段。也可以根据需要适当增减次数。每次实测1—2分钟，并将声级计显示的数字记录下来。测定地点如果是楼房，则要在不同楼层设置测定点；如果是平房，则要在校园内选择几个有代表性的地点。每次测定时要保证在五个时间段全部取得数据。一周可测定2—3次，并坚持一段时间。

（三）调查活动记录表

表1　调查活动记录表

测量地点	环境描述	测量时间	感受	测量结果（分贝）

第三阶段：数据整理及分析

我们将在这一阶段对所搜集的数据进行整理和分析。

第四阶段：成果展示——体会、感受和倡议

每个参与调查的同学都在活动中受益匪浅，并将体会与感受整理记录下来。此外，我们还向全校师生发出创建宁静校园的倡议。

第五阶段：数据整理及分析

见附1、附2。

附1

关于天河区员村小学开展员村地区噪声的调查报告

我们五年级噪声调查小组，在老师的辅导下，用了近四周的时间对学校周边地方的噪声进行了调查，在主要交通干道上，我们的耳朵都受到冲击，令我们感受到了噪声的可怕。

我们分别对员村地区的主要交通干道、商业区、居民区等区域的七个地点在不同时间段的噪声进行了测量，结果非常惊人，最大的声音竟然达到了100分贝以上，最小的声音也有75分贝。详细情况如下：

表2　七个地点的声音的测量

测量地点	环境描述	测量时间	感受	测量结果（分贝）
天桥	桥下车流量大，但桥上行人较少	17：20—17：23	车辆噪声太吵，在桥上能感觉到震动，鸣笛声较大	87.2—90.7
天桥	声音随着车流量的大小而改变，较吵	17：25—17：28	太吵，由于驾驶员的不文明行为，鸣笛使分贝增加	89—110
四横路T字路口报刊旁	车多且路狭窄，并且是路口	17：30—17：31	非常吵，车辆总是鸣笛，行人的声音也很大	85—100.1
美林小区临江湾	较安静，四周多树木	16：30—16：31	较安静，让人心情舒畅	75.6
美林小区棕林街40号	江边的车比较多，有些吵	16：35—16：36	好安静，感觉耳根清净了	74.7
美林小区游泳池	除了风声，四周无声	16：47—16：48	风声很大，导致声级计上的数字一直上升	84.7—92.7
美林小区商业街	许多人在散步、聊天，与游泳池相比较吵	16：51—16：53	风声很大，风把树枝吹得左右摇摆，再加上人的说话声，分贝提高了	75.8—81.7

根据以上的数据统计，我们发现噪声主要是以下几方面造成的：

（1）交通干道上车速太快，摩擦声音较大；

（2）交通干道车辆较多，造成堵塞，车主任意鸣笛；

（3）小区建筑布局不太合理，自然风流通不畅，导致声音较大；

（4）居民在公共场所说话声音较大，影响了其他人的生活。

根据以上情况，我们提出以下建议：

（1）请车主在市区内不要鸣笛；

（2）请车主在交通干道上控制车速；

（3）请业主在居民楼下尽量不要大声喧哗。

倡议书

我们是五年级噪声调查小组的成员，经过为期四周的噪声调查，我们感受到了噪声的可怕。我们分别对校园内以及员村地区的主要交通干道、商业区、居民区等区域的七个地点在不同时段的噪声分别进行了测量，结果非常惊人，最大的声音竟然达到了120分贝以上，最小的声音75分贝，这也超过了城市标准的分贝量。长期生活在这样的环境中，我们的耳朵、心脏等器官将严重受损，导致多种疾病的高发，我们的学习也肯定会受到影响。为了我们的健康，为了更好地创造良好的学习生活环境，现在向全校同学发出以下倡议：

（1）下课后不要在走廊上大声喧哗、追逐打闹。

（2）与同学交谈时，说话的音调要降低。

（3）乘坐公共交通工具时，尽量小声通话；提醒父母把手机调到振动模式。

（4）在医院要放轻脚步，不要大声喧哗，避免影响医生的工作和病人的休息。

（5）在图书馆等安静的场所，不要大声说话，不要肆意奔跑，不要影响他人。

六年级

（6）父母在开车的时候，请提醒他们控制车速，不要鸣笛。

（7）在家看电视或听音乐时尽量把音量调低，尤其在晚上9点以后，不要在家进行产生噪声的活动，例如唱卡拉OK、弹钢琴等，以免影响他人休息。

同学们，让我们从小事做起，从身边做起，慢慢消除身边的噪声，共同营造一个宁静的校园、美好的环境！